Briefe an Goldhagen

Briefe an Goldhagen

Eingeleitet und beantwortet
von
Daniel Jonah Goldhagen

Siedler Verlag

Inhalt

Anmerkung des Verlages

Die Sammlung »Briefe an Goldhagen« wurde vom Siedler Verlag zusammengestellt. Ziel der Auswahl war es, die Bandbreite der angesprochenen Themen und Meinungen wiederzugeben. Das Hauptgewicht liegt dabei auf den Reaktionen der deutschen Leser. Mit einem Sternchen (*) versehene Namen sind Pseudonyme, die auf Wunsch vergeben wurden. Ähnlich wurde mit manchen Orten verfahren. Eventuelle Kürzungen sind gekennzeichnet, einige der Zuschriften wurden übersetzt.

Wir danken Daniel Jonah Goldhagen für seine Beiträge zu diesem Band, und wir danken insbesondere allen Lesern, die freundlicherweise der Veröffentlichung ihrer Briefe zustimmten. Ohne ihre Mitwirkung wäre dieses Buch nicht zustande gekommen.

Einleitung
von
Daniel Jonah Goldhagen

Seit der Veröffentlichung der englischsprachigen Originalausgabe von »Hitlers willigen Vollstreckern« Ende März
1996 haben buchstäblich sämtliche Medien laufend darüber
berichtet, sowohl in den Ländern, in denen das Buch bereits
erschienen ist, als auch in vielen anderen Ländern, in denen
es noch nicht publiziert wurde. Neben Historikern, Journalisten und Kritikern, die ihre Ansichten in Zeitungen, Zeitschriften und Fachzeitschriften, in Fernsehen und Radio, im
Internet und in öffentlichen Symposien, bei Podiumsdiskussionen und in Vorträgen zum Ausdruck brachten, haben
auch einfache Bürger ihre Gedanken und Gefühle über das
Buch und die öffentlichen Reaktionen darauf geäußert. Viele
Menschen haben mir ihre Eindrücke mitgeteilt. Sie schick-
ten mir Bücher, die sie geschrieben haben, oder solche, von
denen sie meinen, daß ich sie lesen sollte. Sie sandten mir
Manuskripte, Aufsätze, Betrachtungen und Gedichte, Bilder
und Musikstücke, die sie entweder aufgrund meines Buches
verfaßt und geschaffen haben oder von denen sie glauben,
daß sie dazu passen. Vor allem aber habe ich Briefe erhalten.
Menschen aus aller Welt haben viel Zeit und Mühe in die
Lektüre meines Buches investiert, haben die öffentlichen
Diskussionen verfolgt, mit ihren Freunden und Bekannten
darüber diskutiert, und in einigen Fällen auch ihre Gedanken niedergelegt und mir geschrieben.

Von den persönlichen Briefen meiner Freunde und Bekannten einmal abgesehen, habe ich mehr als siebenhundert
Briefe zum Buch erhalten – dankbare, lobende, kritische,
feindselige und mitunter auch beleidigende. Viele schilder-

ten mir interessante Beobachtungen und lieferten wichtige Argumente. Einige der Briefe sind nur wenige Absätze lang, andere umfassen zehn Seiten oder mehr. Mehrheitlich kommen sie aus Deutschland und den Vereinigten Staaten, doch gibt es Briefe aus buchstäblich allen westeuropäischen Ländern und allen Erdteilen. Alter und soziales Herkommen der Absender reichen von Teenagern bis zu Achtzigjährigen, von Büroangestellten bis zu Geschäftsleuten und Universitätsprofessoren.

Als ich mir die Frage stellte, wie ich denn all diesen Briefen gerecht werden könnte, kam mir der Gedanke, daß gerade die Leser meines Buches ein Recht haben sollten, sich in der Öffentlichkeit zu artikulieren. Bei den öffentlichen Diskussionen über »Hitlers willige Vollstrecker«, die gerade in Deutschland oft leidenschaftlich verliefen, haben die Stimmen aus dem Publikum nicht immer das ihnen zukommende Gewicht erhalten. Ich halte es vor allem deshalb für wichtig, diesem Mangel zu begegnen, weil in der öffentlichen Debatte die Frage eine besondere Rolle spielte, wie denn die Menschen selbst die Geschichte ihres Landes oder gar ihre persönliche Geschichte begreifen sollten. Auch wenn einige es gern sehen würden, daß die Deutung und Erklärung des Holocaust das Monopol einer kleinen Gemeinschaft von Gelehrten bliebe, die den Menschen verkünden, was sie zu denken haben, so sprengte doch diese Diskussion aus guten Gründen die Fesseln des »Expertentums«.

Viele Menschen, ob sie nun Deutsche oder Juden oder Angehörige anderer Völkerschaften sind, wissen eine ganze Menge über den Holocaust und den Nationalsozialismus, weil sie beides erlebt haben. Andere, die nach dem Kriege geboren wurden, haben von ihren Eltern, ihren Verwandten und von Menschen aus ihrer Umgebung viel über das Geschehene erfahren; auch darüber, wie sie und andere oder die Gesellschaft als ganze damit umgegangen sind und versucht haben, mit der Vergangenheit fertig zu werden. Sie haben auch Stillschweigen und Ausflüchte kennengelernt, wenn es um die Geschichte ging, was sie dazu veranlaßte, innezuhalten und eigene Überlegungen anzustellen.

Daher schlug ich dem Cheflektor meines deutschen Verlages, Frank Trümper, vor, einen Band mit Briefen zu veröffentlichen, einen fairen Querschnitt durch die Zuschriften, die ich erhalten habe. Wir kamen überein, daß ich eine Einführung zu den Briefen und eine allgemeine Antwort verfassen sollte. Der Band, der so zustande gekommen ist, wurde mit großem Geschick zusammengestellt. Zunächst hat meine Forschungsassistentin Claudia Bohner die Briefe erfaßt und systematisiert. Ohne ihre unschätzbare Arbeit hätte die Entstehung dieses Buches nicht nur länger gedauert, es wäre auch nicht so facettenreich geworden. Im Siedler Verlag haben Andrea Böltken und Jens Hacke die Briefe in vorbildlicher Weise ausgewählt, ediert, angeordnet und zur Veröffentlichung vorbereitet. Die Konzeption und Aufbereitung der Briefsammlung ist vor allem ihre Leistung. Klaus Kochmann übersetzte die englischen Zuschriften sowie meine Beiträge zu diesem Band. Es war leicht und überdies ein Vergnügen, mit ihnen allen an diesem Buch zusammenzuarbeiten, was allerdings keine Überraschung darstellt, weil es beim vorangegangenen Buch genauso war. Auch meinem Freund Frank Trümper möchte ich meine Bewunderung und meinen Dank ausdrücken.

Unserer Ansicht nach sollte – im allgemeinen und insbesondere im Hinblick auf diese Diskussion – in erster Linie die Bandbreite der Auffassungen deutlich werden, bösartig antisemitische oder neonazistische Ausfälle allerdings ausgenommen. Daß viele der Briefe sich kritisch zu meinem Buch oder zu mir persönlich äußern, ist in diesem Zusammenhang nicht von Bedeutung. Wir alle sind davon überzeugt, daß es wichtig ist, Menschen die Gelegenheit zu geben, gehört zu werden, und ernst zu nehmen, was sie zu sagen haben.

Briefe an Goldhagen

I.

»Wer vertritt hier
die gewöhnlichen Deutschen?«

Reaktionen
auf die öffentliche Debatte

Sehr geehrter Herr Goldhagen,

bitte entschuldigen Sie, daß ich akademische Titel in meiner Anrede unerwähnt lasse und mich zudem höchst unakademisch an Sie wende. Ich möchte anläßlich Ihres Buches »Hitler's Willing Executioners« meine sozusagen »deutsche« (was nicht typisch bedeuten kann) Reaktion formulieren, ohne den Schutz von Fremdwörtern und Forschungsergebnissen zu suchen. Selbstverständlich sind Sie nicht gezwungen, mein Schreiben zur Kenntnis zu nehmen, wie ich Ihr Buch zur Kenntnis nehmen muß – und will –, aber ich hoffe sehr, Sie tun es trotzdem. Es ist nicht leicht, an Sie zu schreiben.

Ich habe die 624 Seiten nicht gelesen, weil sie in Deutschland noch nicht erschienen sind. Meine Kenntnis Ihrer Arbeit stützt sich auf Auszüge, die in der ZEIT veröffentlicht wurden, sowie auf die Debatte, die sich deutsche Zeitungen zu veröffentlichen gezwungen sehen. Ich schreibe »gezwungen«, weil ich glaube, daß kaum jemand (hier) noch wahrhaft bereit ist, sich mit der deutschen Schuldfrage auseinanderzusetzen, falls das überhaupt jemals der Fall war. Wenn man als Bestie angesehen wird, aber trotzdem Futter erhält, solange man die richtige Pose einnimmt, ist eine sinnvolle Auseinandersetzung mit der eigenen Schuld zwar möglich, aber nicht notwendig. Da bleibt immer mehr Bewußtsein für die Sicht der Kläger als für die eigene Schuld, und demutsvolle Verbeugungen, beschämtes Zu-Boden-Blicken, beifallheischende Selbstbezichtigung und Befriedigung darüber, daß man Geldgeschenke »Wiedergutmachung« nennen darf, scheinen zu genügen. Zu solchen Posen ist kaum noch jemand bereit, und dagegen wäre nichts zu sagen, hätten die Deutschen jemals lernen müssen, sich ihrer Schuld eigenverantwortlich zu stellen. Wahrscheinlich ist es dafür schon zu spät.

Was ich von Ihrer Arbeit und Ihren Thesen gelesen habe, hat mich tief getroffen in mancherlei Hinsicht. Vor allem ist mir klargeworden, daß ich aus dem Schuldgefühl geflüchtet bin, ohne es zu verdienen. Ich habe, genau wie die meisten Deutschen, niemals ehrlich Stellung bezogen, und finde bis heute kaum eine Möglichkeit, mit der Erblast des Holocaust umzugehen, ohne in einen schleimigen Spalt zu gleiten. Deshalb ist es gut, was Sie getan haben, denn die Tatsache, daß ich nichts davon hören wollte, hat mir gezeigt, daß ich dabei war, zu verdrängen, was niemand verdrängen darf. Aber der Umgang mit dem Mord von Millionen Menschen muß sich ändern – falls man überhaupt damit umgehen kann. Was Sie schreiben, ist vielleicht nicht neu – darüber zu diskutieren steht mir nicht zu, und ich finde die Diskussion überhaupt müßig –, was Sie tun, ist das Übliche. Sie begrenzen den absoluten Horror auf Deutschland. Es ist völlig gleichgültig, ob Sie das ausdrücklich tun, wie es auch gleichgültig ist, ob Sie Ihre Anklage auf alle damals lebenden Deutschen begrenzen oder nicht. Sie legen den Schluß sehr nahe, daß allein das deutsche Volk zu solcher Grausamkeit und Menschenverachtung fähig ist. Haben Sie wirklich gesagt, Deutschland sei heute ein anderes Land? Ich kann es nicht glauben, denn »ordinary Germans« gibt es noch immer, immer wieder neu. Ist es nicht unfaßbare Arroganz, wenn Deutsche sich heute von den Verbrechen ihrer Großeltern absetzen, indem sie so tun, als wüßten sie genau, daß sie sich im Dritten Reich ganz anders verhalten hätten? Geändert hat sich das System – und das war, wenn mich meine Geschichtskenntnisse nicht trügen, nicht so ganz »unsere« Idee. Glauben Sie wirklich, die heute lebenden Deutschen würden sich, könnte man Sie ins Dritte Reich zurückversetzen, dem Regime geschlossen widersetzen? Nein, Sie sollten nicht versuchen, diplomatisch zu sein und zu trennen, was nicht so leicht zu trennen ist und was die meisten Ihrer Leser gewiß nicht trennen werden. Sie klagen uns alle an, und es fällt mir schwer zu glauben, daß Sie das nicht wollen oder wissen. Ich will die Anklage selbst nicht kritisieren, auch wenn mir die Erinnerung an die Menschen, denen Sie damit unrecht tun, wirklich weh tut. Nur: Die, die ihre Schuld bis heute nicht akzeptiert haben, werden Ihnen nicht zuhören, und die anderen wissen es längst.

Im Grunde sprechen Sie sogar milde, wenn Sie nur einen Großteil der Deutschen im Dritten Reich des Völkermords schuldig sprechen, denn in Wahrheit fällt die Schuld auf alle, bis heute. Es kommt am Ende nicht darauf an, ob man selbst einen Genickschuß gesetzt hat oder »nur« der Nachbar, der Vater, der Großvater. Für einen Deutschen ist es, besonders in der Begegnung mit Nichtdeutschen, unmöglich, sich als Teil aus dem Ganzen auszuklammern. Die einen sind verantwortlich für die Tat, die anderen für einen sinnvollen Umgang mit der Schuld. Wäre uns letzteres gelungen, dann könnten wir die Tat eines Tages hinter uns lassen und Verantwortung für die Zukunft tragen. Es ist uns nicht gelungen – ich sehe es schon daran, daß alle Welt uns unaufhörlich an die Tat erinnert. So gesehen, gehöre ich nicht mehr zu den Mördern, bloß zu den Versagern. Und wissentliches Versagen ist ja wohl auch eine Schuld.

Es muß Sie nicht interessieren, aber ich möchte Ihnen schildern, wie es sich auf der Täterseite lebt. Meine Erfahrungen sind sicher nicht zu verallgemeinern. Trotzdem: Vielleicht verstehen Sie dann, warum Ihr Buch, das ich noch gar nicht richtig kenne, mir schon seit Wochen den Magen umdreht.

Meine Mutter wurde 1946 in Nürnberg geboren, als uneheliches Kind eines amerikanischen Soldaten. Ich kam zwanzig Jahre nach Kriegsende zur Welt, ebenfalls in Nürnberg, wo ich noch immer lebe. Ich hatte bis zu meinem zwölften Lebensjahr überhaupt keinen Begriff von meiner

Nationalität; ich kannte auch die Nationalhymne nicht (und mir wird heute noch schlecht, wenn ich sie höre). Ich wußte nur, daß meine Oma einen Krieg erlebt hatte und daß in meiner Familie keiner ein Nazi war. Dann wurde ich von wirklich sehr engagierten Lehrern mit der Geschichte des Dritten Reiches konfrontiert, Filme und Bilder aus Auschwitz und Dachau. Solange ich mich deshalb noch übergeben, »Rotz und Wasser« heulen konnte, kann man noch von einer normalen Reaktion sprechen. In gewisser Hinsicht aber wurden wir traumatisiert. Niemand hat vor uns Schülern die Verantwortung für den Holocaust auf ein paar Nazi-Größen beschränkt. Wir, d. h. die Altersgenossen in meinem persönlichen Umfeld, wußten alle: Das haben »wir« getan, »wir« Deutsche. Und zum erstenmal wurde mir klar, daß ich eine Deutsche bin – und ich wollte es nicht mehr sein. Aber man kann sich nicht aussuchen, wohin man letztlich gehört, leider.

Ich und andere Menschen meines Alters, wir haben uns nicht nur in der Schule mit unserer Geschichte beschäftigt. Das Entsetzen über das Geschehene, das irgendwie zur Geschichte jedes einzelnen gehört, hat viele nicht losgelassen. Die Konsequenzen daraus waren teilweise gut, teilweise krank. Geblieben ist, nach politischem Engagement im extrem linken Eck, nach Alpträumen, ich könnte die Wiedergeburt eines Nazis sein, für sehr lange Zeit ein tiefes Schuld- und Schamgefühl. Auf all meinen Reisen habe ich entschuldigend auf die Frage meiner Staatsangehörigkeit geantwortet. Ich habe verständnisvoll reagiert, wenn ich nicht bedient oder als Nazi beschimpft wurde. Und das waren keine Posen, das war echt. Seltsamerweise – ich verstehe es heute noch nicht – war das einzige Land, in dem niemand eine Bezeugung meiner deutschen Minderwertigkeit forderte, Israel. Ein paar Jahre lang habe ich ausländischen Schülern die Stätten antisemitischer Verbrechen in Nürnberg ge-

24

zeigt – es gibt viele, ich hatte die Zahlen aller Toten im Kopf. Ich habe damit aufgehört, als französische und italienische Schüler mir vorwarfen, ich würde ihnen das zeigen, weil ich stolz auf die Judenmorde sei.

Inzwischen bin ich, wie meine Großmutter, alleinerziehende Mutter eines »Halbamerikaners«. Es wird meinem Sohn nichts nützen, daß sein Vater Jude ist – er trägt das Brandzeichen »deutsch«. Und ich hoffe, er wird wie ich niemals die sozialistische Verwandtschaft, den Onkel im KZ, oder den Vater anführen, um die deutsche Erbschuld von sich zu weisen. Auch wenn er sich dann, wie seine Mutter, gleich wieder schuldig fühlt, weil so viel Aufrichtigkeit ja noch mal nach Entschuldigung schmeckt. Nur wird, bis er vom Holocaust erfährt, hoffentlich die Schuld einen anderen Namen tragen – Verantwortung.

Die Verantwortung dafür, daß etwas wie der Holocaust nicht wiederholt wird, tragen aber nicht nur die Deutschen. Deshalb halte ich es für gefährlich, den Horror unablässig auf Deutschland zu begrenzen – und das werfe ich weniger Ihnen vor als denen, die Ihr Werk beglückt ausschlachten. Wenn der Holocaust zum Instrument wird, um alle weiteren Verbrechen gegen die Menschlichkeit zu relativieren, weil: »das war auf alle Fälle schlimmer« und »so etwas tun nur die Deutschen«, dann ist weder den Opfern von gestern, noch denen von heute oder morgen gedient. Und in Deutschland selbst wird die Bereitschaft, die Erinnerung an den Holocaust wachzuhalten, eher schwinden denn wachsen. Es ist ein reiner Euphemismus, daß ich diesen Satz im Futur formuliere – bei vielen Schülern, die jetzt zu Lichterketten abgestellt werden (weil Rassismus in Deutschland sofort mit den Judenmorden verglichen werden muß), die nicht gegen den Golfkrieg hätten demonstrieren dürfen (weil das antisemitisch aussah), ist es schon so weit. Das ist keine kühne Behauptung, sondern Lehrererfahrung. Ich verurteile diese Entwicklung, aber ich kann sie auch verstehen.

Ich versuche, Ihnen zu glauben, wenn Sie sagen, es ginge Ihnen nicht darum, deutsche Nachkriegsgenerationen anzuklagen. Versuchen Sie mir zu glauben, daß Sie es trotzdem tun. Fünfzig Jahre sind nicht genug Distanz, um allein dem historischen Interesse zu dienen, und trotzdem kann Ihr Buch kaum noch jemand lesen, der dabei war. Ich würde wirklich gern wissen, was Ihre Motivation gewesen ist, denn ich mag keine Unterstellungen der Presse glauben. Auf jeden Fall, wenn ich dieses Jahr, wie so oft, nach Boston komme, werde ich nicht mehr so geduldig auf die immer wiederkehrende Frage »Is it really that bad with the Nazis in Germany?« antworten – schon gar nicht jenen, die mir sagen, ich muß meine Tasche festhalten, wenn mir ein Afroamerikaner begegnet. Ich will mich nicht mehr entschuldigen. Und ich habe es satt, angeklagt zu werden, nur weil ich in diesem elenden Land geboren wurde. Aber ich danke Ihnen dafür, mir einen reichlich verlogenen Ausweg – die Verdrängung – verstellt zu haben.

Mit freundlichen Grüßen
Susanne Büsing

Nürnberg, den 22. Mai 1996

Dear Mr. Goldhagen,

den Brief, den ich Ihnen im letzten Mai geschickt habe, bedauere ich sehr.

Es war nicht gerade klug, in derart emotionaler Weise auf ein Buch zu reagieren, das ich nicht einmal gelesen hatte. Selbst wenn ich das Gefühl hatte, daß das meiste, was Ihre Kritiker schrieben, nicht auf wohlgesinnte Motive zurückzuführen war, so habe ich doch nicht erwartet, daß Gelehrte, die sich mit dem Holocaust beschäftigen, den Inhalt von »Hitler's Willing Executioners« in irreführender Weise darstellen würden. Meine eigene Gegenposition, bei der ich die Vorstellung von einer Kollektivschuld akzeptierte und den Begriff eines Nationalcharakters verabscheute, sowie Fehlinformationen veranlaßten mich, das zu schreiben, was ich geschrieben habe. Danach tat ich das, was ich schon längst hätte tun sollen – ich kaufte mir die englische Ausgabe und las sie.

Um es milde auszudrücken, ich war überrascht von dem, was ich dort entdeckte. Das war nicht das Buch, das ich erwartet hatte, und ich meine, jeder, der Ihr Buch liest, wird deutlich erkennen, daß jene Gelehrten Ihre Worte verdreht haben oder Fehler kritisierten, die entweder ganz nebensächlich oder gar nicht vorhanden sind. Aber ich will mich mit Lob der Superlative zurückhalten, davon haben Sie, so vermute ich, schon genug zu hören bekommen.

Dennoch habe ich bei der Lektüre Ihres Buches (und der Beobachtung der von Heuchelei geprägten Debatte) eine Menge gelernt, und dies führte zu einer sehr positiven Diskussion mit meinen Kommilitonen und mit den Erwachsenen, die ich unterrichte. Bislang habe ich noch niemanden kennengelernt, der Ihre Argumente wirklich kannte und sie absurd fand, noch bin ich auf jemanden gestoßen, den die von Ihnen dargestellten historischen Tatsachen nicht erregten (abgesehen von einem, dessen Großvater in der SS gewesen war – er hatte jedoch eine ziemlich schwere Zeit durchzustehen, nachdem ich Ihr Buch in seiner Klasse vorgestellt habe).

Ich wünsche Ihnen alles Gute und vor allem Kraft.

Thank you!
Susanne Büsing

Nürnberg, den 1. August 1996

Sehr geehrter Herr Goldhagen,

zu der am 8. September 1996 stattgefundenen ZDF-Fernsehdiskussion über Ihr Buch »Hitlers willige Vollstrecker« möchte ich als Zeitzeugin einiges aus eigenem Erleben hinzufügen.

Am Ende der Sendung fiel folgender Satz: Die können sich beglückwünschen, die nicht in der Lage waren, mitmachen zu müssen. Auch Sie sind in der glücklichen Lage, nicht zu den Verurteilten zu gehören, und dementsprechend können Sie ein Volk verurteilen oder nicht. Sie machen es sich sehr einfach: Die Verlierer sind die Verbrecher, und die Sieger die Helden. Das lehrt auch die Geschichte. Jeder wird von seinem Erleben geprägt und neigt dazu, einseitig zu sehen, wie Sie auch.

Zuerst einmal möchte ich Ihnen sagen, daß es mir sehr leid tut, was man Ihrem Volk, vielen anderen und auch Deutschen in den Konzentrationslagern an Grausamkeiten zugefügt hat. Als nach Kriegsende die Vernichtung so vieler unschuldiger Menschen ans Licht kam, war ich zutiefst geschockt und beschämt.

Doch nun zu meinem erlebten damaligen Zeitgeschehen. Als Hitler an die Macht kam, war ich zwölf Jahre alt. Ich erinnere mich, daß die Menschen bei der Machtergreifung jubelten, bis auf eine Minderheit, denn Jahre der Not und Arbeitslosigkeit waren vorüber. Eine alte Frau, die in unserem Haus wohnte, sagte: »Der Herr Hitler hat dafür gesorgt, daß es mir wieder gutgeht.« Diese Worte habe ich nicht vergessen. Wir waren sechs Kinder, wohnten auf dem Land, und auch mein Vater war arbeitslos. Er ging zeitweilig für den Straßenbau Steine klopfen, um wenigstens etwas zu verdienen. Alle waren froh, daß es wieder Arbeit gab, und waren der Meinung, daß sie es Hitler zu verdanken hätten. Darum traten viele in die Partei ein und riefen »Heil Hitler!«. Die breite Masse blickt nicht über den gefüllten Teller hinaus, darin hat sich bis heute wenig geändert, sie ist manipulierbar.

Mein älterer Bruder trat in die NSDAP ein, meine Mutter in die Frauenschaft, und ich landete bei den jüngsten Mitgliedern, das wurde von allen erwartet und auch deutlich klargemacht. Mein Vater und der andere Bruder blieben parteilos. Besonders mein Bruder hatte deshalb allerlei Unannehmlichkeiten zu ertragen.

An die Kristallnacht kann ich mich noch gut erinnern. Im Dorfe lebten zwei jüdische Familien. Die Tochter der einen Familie ging mit mir in die gleiche Schulklasse. Unterschiedliche Behandlung bemerkte ich nicht, der Lehrer war kein Nazi-Freund. Als die Geschäfte zerstört wurden und diese Familien ins Arbeitslager kamen, äußerten viele ihr Mitgefühl, die Familien taten ihnen leid. Damals hörte ich zum erstenmal das Wort »Arbeitslager«. Von den Verbrechen im KZ hörte ich *nach* dem Kriegsende! Übrigens sind im KZ auch viele deutsche Widerstandskämpfer umgekommen, wenn sie nicht schon vorher erhängt oder erschossen wurden.

Als ich nach der Schule in der Stadt Arbeit fand, trat ich keiner Organisation bei. Meine ersten negativen Gedanken gegen das Regime keimten, als mich ein Mann in brauner Uniform anbrüllte, weil ich vor ihm in die Bahn stieg. Doch als Hitler Königsberg besuchte, jubelte ich mit. Rückwirkend kommt es mir wie eine Massensuggestion vor. Ich glaubte auch, daß wir siegen würden. Damals war ich kaum an Politik interessiert, ich wollte mich meiner Jugend freuen, soweit das im Krieg möglich war. Zu der Zeit wurde ich vorsichtiger, öffentlich zu sagen, was ich dachte, einfach aus Furcht.

Auch wenn es nicht in Ihr Konzept paßt, werde ich Ihnen als Ausgebombte und Vertriebene damalige Geschehnisse schildern:

Meine Tante wurde mit ihren zwei Töchtern im Flüchtlingstreck von Bomben der Engländer getötet. Zwei Cousinen wurden vergewaltigt und von den Russen in den Ural verschleppt. Einer Cousine, die seit ihrer Rückkehr in den USA lebt, hat man viel Geld geboten, um über ihr Schicksal ein Buch zu schreiben. Sie hatte nicht die Kraft, über das Erlebte zu berichten, und verzichtete auf das Geld. Die andere Cousine, die mit sechs Mädchen aus ihrem Dorf im russischen Lager war, überlebte als einzige. Eine vierzehnjährige Schülerin aus meiner Schule wurde so lange vergewaltigt, bis sie tot war. Eine andere Cousine wurde trotz fünf kleiner Kinder mehrmals vergewaltigt. Frauen, die sich weigerten, wurden erschossen. Meine Cousine kannte ein Massengrab, in dem von den Russen erschossene deutsche Frauen liegen. Soweit mir bekannt ist, hat es circa zwei Millionen Vergewaltigungen an deutschen Frauen gegeben. Doch über all das wird kaum berichtet, es paßt nicht ins Bild des »bösen

Deutschen«. Meine Tochter wurde geboren, als ich auf der Flucht war. Der Kanonendonner begleitete sie auf dem Weg in diese Welt mit einem in Trümmern liegenden Deutschland.

Gewiß, Ihr Volk hat Schreckliches durch das Hitler-Regime erlebt, doch wo war die Hilfe der anderen Länder? Weil auch viele Deutsche Schreckliches ertragen mußten durch Bomben, Vertreibung, Vergewaltigungen und Not, wissen wir, was »leiden« heißt, und sind darum mehr als andere bereit zu helfen, Ihrem Land verständlicherweise besonders viel.

Wenn es in einer Familie einen Mörder gibt, sind die Angehörigen keine Mörder, obwohl sie zwangsläufig darunter zu leiden haben. Aus welcher Erfahrung heraus verurteilen Sie ein Volk, vor dem die Greueltaten, bis auf die Beteiligten, geheimgehalten wurden? Gewiß, es gab total überzeugte Nazis, »willige Vollstrecker«, doch die Masse waren Mitläufer wie auch ich.

Die erwähnten Geschehnisse könnte ich beliebig erweitern. Sie zeigen auf, daß wir für die Kollektivschuld, unter Hitler gelebt zu haben, schwer leiden mußten. Auch das ist Zeitgeschehen Ihrer »willigen Vollstrecker Hitlers«, daß sie unter Lebensgefahr Juden geholfen und gerettet haben. Kein Volk besteht nur aus Helden, sie sind auch heutzutage noch die Ausnahme. Die Erfahrung lehrt, daß Gut und Böse keine Grenzen kennen.

Über die Greueltaten Stalins berichtet kaum jemand. Er hat Hunderttausende deutsche Kriegsgefangene in Lagern umkommen und verhungern lassen. In nicht geringer Zahl ließ er seine Landsleute auch Juden verschleppen und umbringen. Hinzu kommen die Greueltaten aus der vergangenen Geschichte vieler bekannter Völker. Ich kann nirgends eine weiße Weste erblicken!

Für mich persönlich sind Juden Menschen wie Christen,

Moslems oder Hindus auch. Wenn man Unterschiede macht, schafft man sich und anderen Probleme, welche nicht dem Frieden dienen, den die Welt so dringend braucht. Also hören Sie auf, Haß zu säen! Denn was der Mensch sät, das wird er ernten. Wir haben genug betrauert, bereut, gelitten und bezahlt in den 51 Jahren nach dem Krieg und sind nicht wenig gedemütigt worden.

Sie sind noch jung, Ihnen fehlt die Erfahrung der damaligen Zeit. Ein chinesisches Sprichwort sagt: »Erst wenn du zehn Meilen in den Schuhen des anderen gegangen bist, kannst du über ihn urteilen.« In diesem Brief bin ich gedanklich einige Meilen mit Ihnen gegangen, um Ihre Sicht zu erweitern, Ihnen die scheinbar unbekannte Seite zu zeigen. Ihre einseitige Verurteilung meines Volkes wird Sie eines Tages einholen, so wie man im Leben für alles bezahlen muß, das nicht mit dem Gesetz der Liebe in Einklang steht.

Was hätten Sie für einen seelischen und menschlichen Gewinn, wenn Sie sich so leidenschaftlich für den Frieden unserer beiden Völker eingesetzt hätten. Gott sei Dank gibt es solche Menschen auf beiden Seiten. Erst wenn wir verstehen, daß wir alle eine große Menschheitsfamilie sind, werden Feindschaft und Krieg aufhören. Diese Einsicht hat mich das Leben gelehrt.

Ich wünsche Ihnen Gottes Segen für Ihr weiteres Schaffen, das Sie gewiß reifen und läutern wird.
Erna Lossow

Hamburg, den 12. September 1996

Lieber Daniel Goldhagen,

ich (57) bin bestürzt über die seltsame »Gerichtsverhandlung« im Ersten Programm des deutschen Fernsehens.[1] Ich bin als Deutscher (und Sohn eines 200prozentigen Nazis) beschämt über das Niveau, mit dem Sie abgehandelt wurden. Ich möchte mich als Autor und Künstler bei Ihnen entschuldigen für die monströsen und selbstgefälligen Gestalten, denen Sie im Studio gegenübergesetzt worden sind. Schon das Fragezeichen im Titel der Sendung ist eine Anmaßung. Daß der völlig indiskutable Moderator Schulze sich an den Titel Ihres so wichtigen Werkes nicht erinnerte bzw. ihn falsch zitierte, ist eine Blamage ohne Vergleich.

Die läppischen Publikumsfragen, die Ihnen während der Sendung weitergeleitet wurden, kamen ausnahmslos von ewiggestrigen Entschuldigern der Deutschen. Auch dies läßt Schlüsse über die aktuelle Einstellung *der Deutschen* zu.

Es ist bezeichnend, daß Sie als Amerikaner dieses Buch schreiben mußten und daß es nicht aus einer deutschen Feder kam. Die Deutschen waren ohne Zweifel willige Vollstrecker, und *die Deutschen*, egal welcher Generation, sollten endlich aufhören, über die Grenzen Ihres Landes zu zeigen, um ihre Taten zu relativieren, oder komplizierte Rechenaufgaben aufzustellen, wie viele Deutsche nun letztendlich gewußt haben könnten, wie viele menschliche Wesen auf bestialische oder raffinierte Art und Weise ermordet worden sind.

Mit herzlicher Verbundenheit
Hartmut Geerken

Herrsching, den 6. September 1996

---

[1] »Die Deutschen – Hitlers willige Vollstrecker?« – eine Sondersendung, die ARD und WDR am 5. 9. 96 anläßlich der Deutschlandreise Goldhagens ins Programm nahmen.

Dear Mr. Goldhagen!

[...] Zunächst möchte ich mich Ihnen kurz vorstellen, damit Sie etwas Hintergrund bekommen:

Geboren 1927, Schule bis Mai 1943 (Realgymnasium), Luftwaffenhelfer bis Sommer 1944, Arbeitsdienst bis Herbst 1944, Marine bis Februar 1945, bis Kriegsende Pionier.

Nach dem Krieg und Entlassung aus der Gefangenschaft: Abitur, Studium der Ingenieurwissenschaften, Promotion, Vertrieb für eine Schweizer Firma, fast dreißig Jahre bei Philips tätig in Deutschland, Holland, England.

Eltern: Vater Chemiker bei der IG Farben Industrie bis 1933, dann wegen Krankheit entlassen. Mutter Hausfrau mit Ausbildung an der Hamburger Kunstakademie. Vorfahren typischer Mittelstand: Kaufleute, Werftbesitzer, Holzhändler, Bauern; ganz normale Deutsche.

Weshalb schreibe ich Ihnen? Das ist eine Reaktion auf Ihr Buch »Hitlers willige Vollstrecker« und die Fernsehdiskussionen in Deutschland, die wir alle gesehen haben.

Zunächst einmal denke ich, daß jeder engagierte Deutsche sich mit Ihrem Buch beschäftigt haben sollte. Das Verdienst sehe ich darin, daß wir massiv daran erinnert werden, was von Deutschen an Verbrechen und Greueln angerichtet worden ist oder wozu sie andere Menschen angestiftet haben. Was geschehen ist, habe ich erst nach dem Krieg erfahren, obwohl meine Heimatstadt Celle nur zwanzig Kilometer von Bergen-Belsen entfernt liegt. Sie mögen das nicht glauben, aber das ist nicht mein Problem. Begriffen, was ein KZ war, habe ich erst viel später, nach dem Besuch von Buchenwald und intensiver Beschäftigung mit der Materie. Das Schlimme ist wohl, daß die, die es vergessen dürften – wie Sie als Nachfahre der Opfer –, es nicht vergessen können, während etliche, die es unter keinen Umständen vergessen dürfen, es gerne verdrängen würden. Vor Ihrem Buch habe ich die Tagebuchnotizen von Victor Klemperer gelesen, ebenso die Gefängnisaufzeichnungen von Rudolf Höß und Pery Broad[1], sowie die Tagebücher von Johann Paul Kremer, KZ-Arzt in Auschwitz. Die Tagebücher haben mich erschüttert. Klemperer, weil kein halbwegs gebildeter Deutscher dieser Zeit – nicht nur die – behaupten kann, er habe das Unrecht, das Juden unmittelbar nach der »Machtergreifung« angetan wurde, nicht erkennen können. Juden wurden aus dem Staatsdienst entlassen, die berufliche Tätigkeit eingeschränkt oder verboten, in ihre persönliche Freiheit massiv eingegriffen und Leib und Leben nicht respektiert. Kremer schreibt in seiner Schizophrenie an einem Tag: »Entsetzliche Szene, drei Jüdinnen mußten erschossen werden, weil sie sich weigerten, in den Bunker zu gehen (zur Vergasung) … Herrliches Abendessen mit Gänsebraten satt und bulgarischem Rotwein«; oder sinngemäß: »Schlimm, wie die amerikanischen Barbaren unser schönes Münster als bedeutendes europäisches Kulturwerk in Schutt und Asche gelegt haben … bei zwei Selektionen dabeigewesen.«

Ich denke, zwischen uns gibt es keinen Dissens über die von Ihnen akribisch recherchierten Fakten und die Notwendigkeit, die Erinnerung daran lebendig zu halten.

Schwierigkeiten habe ich mit Ihren Thesen. Sinngemäß sagen Sie: Sollen doch erst einmal die Vertreter der Gegenthese ihren Beweis antreten. Solange das nicht geschehen ist, brauche ich die Richtigkeit meiner nicht zu beweisen. Als Techniker kann ich das nicht nachvollziehen.

---

[1] Victor Klemperer, Ich will Zeugnis ablegen bis zum letzten. Tagebücher 1933–1945, Berlin 1995; Rudolf Höß, Kommandant in Auschwitz. Autobiographische Aufzeichnungen, Stuttgart 1958; Pery Broad, KZ Auschwitz. Erinnerungen eines SS-Mannes der Politischen Abteilung in dem Konzentrationslager Auschwitz, Hefte von Auschwitz, Nr. 9, 1966.

Sie stellen die These auf, daß Deutsche im neunzehnten Jahrhundert zwar wie andere zivilisierte Menschen ausgesehen haben und betrachtet wurden, es aber offensichtlich nicht waren. Meine Eltern waren bis kurz vor meiner Geburt in den USA, mein Vater als Chemiker in Pittsburg, meine Mutter hatte eine Farm. Wären sie nur einige Wochen später nach Deutschland zurückgegangen, wäre ich US-Staatsbürger geworden und hätte dann nicht nur wie ein zivilisierter Mensch ausgesehen, sondern wäre auch einer gewesen. Wodurch? Sicher, meine Entwicklung wäre natürlich anders verlaufen durch eine andere Erziehung und Umwelteinflüsse. Die Gene wären die gleichen geblieben. Wenn es nach den NS-Gesundheitsgesetzen gegangen wäre, dürfte ich nicht einmal existieren, weil mein Vater manisch-depressiv war und später sterilisiert wurde. Aber das nur am Rande.

Ihre Behauptung, daß jeder Deutsche in gleicher Situation zum willigen Vollstrecker geworden wäre, kann ich nicht ernst nehmen. Ich habe während meiner ganzen Dienstzeit als Luftwaffenhelfer, Arbeitsdienstmann und Soldat keinen (wehrlosen) Menschen erschossen, habe mich mit 14 Jahren freiwillig zur Marine gemeldet, um den SS-Werbern in den Schulen zu entgehen. Sicher können Sie mich fragen, warum ich nicht zur SS wollte. Ich kann Ihnen das nicht mehr redlich beantworten. Mein Bruder ist nur durch den Einfluß eines Freundes meiner Eltern einer Verurteilung durch das Kriegsgericht entgangen. Er hatte sich über die menschenunwürdige Behandlung von russischen Gefangenen durch die SS erregt und wurde von einem »Kameraden« verpfiffen. [...]

Bis zu meiner Einberufung als Luftwaffenhelfer 1943 war mein Klassenlehrer ein »Halbjude«, sein Sohn, in der Schulbank mein Nachbar und Freund, natürlich auch jüdischer Abstammung wie seine Mutter. Jüdische Freunde hatte meine Familie nicht. Nur ein weiterer »Halbjude« war ein guter Freund. Erst nach dem Krieg habe ich in England Juden kennengelernt und war mit einigen gut befreundet, nachdem ich meine anfängliche Verklemmung überwunden hatte. Sie hatten keine und freuten sich, einem jungen Deutschen zu begegnen. In meiner Familie habe ich jedenfalls keinen Antisemitismus kennengelernt. Sicher haben Sie Schwierigkeiten, sich das Leben in einer Diktatur mit vermeintlichen und realen Zwängen vorzustellen. Nach meiner Einschätzung gab es im NS-Staat wenig Helden, mehr Verbrecher, aber eine überwältigende Mehrheit von Indifferenten, die ein wenig dafür oder ein wenig dagegen waren. Dabei hat es Verschiebungen je nach Erfolg oder Niederlagen des Regimes gegeben. Erschüttert hat mich ein in einer Diskussion mit Ihnen erwähntes Umfrageergebnis. Danach muß man davon ausgehen, daß knapp zehn Prozent der im Krieg Aktiven im Osten direkt oder indirekt an den Greueln beteiligt waren und über 25 Prozent davon wußten.

Gottfried Wagner spricht davon, daß er sich schmerzlos entdeutscht. Wenn ich mich frage, ob ich begrüßt hätte, wenn ich Amerikaner geworden wäre, muß ich mit nein Antworten. Aus jetziger Sicht würde mir das wie ein Stehlen aus der Verantwortung vorkommen. Außerdem fühle ich mich der deutschen und europäischen Kultur verbundener als der amerikanischen. Ich sage das ganz bewußt trotz der Vergangenheit mit dem »Tausendjährigen Reich«, Verfallsdatum zwölf Jahre.

Aus meiner Sicht hätten Sie sich einen Gefallen getan, wenn Sie darauf verzichtet hätten, die Ursachen für den Holocaust mit nicht beweisbaren und bewiesenen Thesen zu begründen. Sie haben es Ihren Gegnern leichtgemacht, Sie und Ihr Buch »auseinanderzunehmen«, was völlig ungerechtfertigt ist. Für die Art des Auftretens der deutschen Historiker über weite Strecken der Diskussion schäme ich mich.

Das nächste Kapitel ist sicherlich kritisch. Es geht mir überhaupt nicht um Aufrechnen oder darum, mit dem Finger auf andere zu zeigen, aber um Redlichkeit. Mit Recht haben Sie sehr engagiert auf die unmenschlichen Verbrechen von Deutschen und von ihnen Angestifteten an Juden, Polen, Russen und vielen Menschen anderer Nationalitäten hingewiesen. Zum Kriegsende hin sind aber ebenso Tieffliegerangriffe auf wehrlose Flüchtlinge – meist Frauen, Kinder, Alte – in Trecks in Ostpreußen, Ostdeutschland und zunehmend überall geflogen worden. Militärisch sinnlose Zerstörungen z. B. von Rothenburg und anderen Städten, teilweise Stunden, bevor die Alliierten einmarschiert sind, mit erheblichen Opfern unter der Zivilbevölkerung, etwa in Dresden. »Bomber-Harris« hat keinen Hehl daraus gemacht, daß das Ziel war, die Bevölkerung zu demoralisieren. Das Gegenteil war der Fall. Auch das halte ich für Verbrechen. Mildernde Umstände? Nach dem, was von Deutschen angerichtet worden ist: hundert- oder tausendfach. Aber auch hier hilft Verdrängen nicht. Nochmals: Das ist kein Aufrechnen. Das ist rechtlich und human absolut unsinnig. Unsere Schuld ist unsere Schuld – dazu gehört auch unterlassene Hilfeleistung –, und damit müssen wir leben.

Mit herzlichen und respektvollen Grüßen
J. Peter Starke

Odenthal, den 2. Dezember 1996

Sehr geehrter Herr Goldhagen,

als 1949 Geborene, die in ihrer Kindheit sehr wohl erlebte, daß auch noch nach dem Krieg negativ über die Juden gesprochen wurde – mit der Einschränkung »Das darf man aber jetzt nicht mehr sagen!« –, schäme ich mich, wie deutsche Historiker versuchen, weiterhin die Mär von wenigen, dazu noch unter Druck handelnden Tätern zu verteidigen. In vielen Gesprächen mit Menschen, die die Zeit erlebten, wurde mir neben der selbstverständlichen Ablehnung der Juden immer wieder bestätigt: »Doch, wir haben es gewußt. Wir haben uns nicht getraut, etwas zu sagen oder zu unternehmen.« Psychologisch gesehen ist das ein Double-bind, aus dem auszusteigen wahrscheinlich vielen nicht möglich war. Damit konnte ich bisher leidlich umgehen. Gerade aber die Einsicht in solche Hintergründe würde erst dazu führen, daß man die Lehre aus dieser grausamen Vergangenheit ziehen kann. Deshalb sind die Verteidigungen der älteren deutschen Historiker, wie sie bisher zu hören waren, der Vergangenheitsaufarbeitung nicht nur nicht dienlich – sie verhindern sie geradezu. Das mag am Alter dieser Herren liegen und an der eigenen Verstrickung. Es wäre sehr viel besser, wenn Menschen, die nach 1945 geboren sind und sich seit Jahren engagiert für die Vergangenheitsbewältigung einsetzen, wie z. B. Jan Ph. Reemtsma, Hamburg, oder Helmut Donat, Bremen, sich mit Ihrem Buch auseinandersetzten. Ich hoffe sehr, daß es zu einer öffentlichen Diskussion mit Ihnen und jüngeren Historikern kommen kann.

Es ist dringend notwendig, daß die Verdrängung der wahren Hintergründe des Holocaust aufhört, damit die Lehre der grausamen Vergangenheit begriffen werden kann. Ich bin es längst leid, mich immer wieder für mein Land schämen zu müssen, weil man hier weiterhin versucht, sich in die Tasche zu lügen.

Sehr geehrter Herr Goldhagen, die Reaktionen auf Ihr Buch – gerade die der Historiker – zeigen, wie notwendig es für dieses Land ist, daß Sie es geschrieben haben. Dafür danke ich Ihnen.

Mit freundlichen Grüßen
Ulla Hundemer

Bernkastel-Kues, den 9. September 1996

Dear Professor Goldhagen,

ich möchte Ihnen gern mitteilen, wie sehr ich die Art bewundere, in der Sie Ihr Buch »Hitlers willige Vollstrecker« verteidigten, als Sie Anfang dieses Monats in Deutschland waren.

Ich konnte Sie nicht persönlich hören, denn Lehrverpflichtungen führten mich gerade in der Woche, da Sie hier waren, von München weg. Ich sah jedoch eine Videoaufzeichnung von Teilen der »Aschaffenburger Gespräche«, in denen Sie mit deutschen Historikern und anderen Teilnehmern über Ihr Buch diskutierten.

Beim Ansehen dieser Aufzeichnung mußte ich an Hemingways Ausspruch über Anstand und Würde in Extremsituationen denken. Mir drängte sich auch der Eindruck auf, daß es sich bei dieser Diskussion weniger um ein Gespräch als um eine deutsche Übung in Selbstrechtfertigung handelte. Es bot außerdem auch ein ausgezeichnetes Beispiel dafür, wie sich viele Deutsche unwillkürlich verhalten, wenn sie mit jemandem konfrontiert werden, der etwas gesagt oder getan hat, das ihn von der Gruppe unterscheidet: Sie stellen ihn in eine Ecke, wo er von Kritikern oder gar Anklägern umlagert wird, und dann gewähren sie ihm kaum oder gar keine Gelegenheit zu antworten. In diesem Falle empörte mich die Art, wie man jedem anderen Beteiligten gestattete, Ihr Buch zu kritisieren und Sie auch noch persönlich – etwa als »Anfänger« – anzugreifen, während Sie erst dann antworten durften, als alle anderen ihre Vorwürfe gegen Sie vorgetragen hatten. Und selbst dann erhielten Sie nicht genügend Zeit, um auf alle Aspekte der Kritik einzugehen, so stellte es sich wenigstens in dem Mitschnitt der Diskussion, den ich gesehen habe, dar.

Ich glaube, Sie haben einmal im CNN gesagt, Ihrem Eindruck nach hätten sich die Deutschen seit 1945 geändert. Doch die unfaire und empörende Position, die man Ihnen während der Diskussion aufzwang, wirft schon die Frage auf, wieweit sie sich geändert haben. Als Zuschauer hatte ich den Eindruck, daß die Diskussion einen nicht allzu subtilen Versuch darstellte, Sie einfach einzuschüchtern. Sie wurden mit einer Gruppe von Gegnern konfrontiert, denen man gestattete, den Versuch zu unternehmen, Sie geistig niederzuknüppeln, ohne daß Sie die Chance erhielten, sich unter gleichen Bedingungen zu verteidigen. Diese Art von Einschüchterung erinnert genau an die Phase der deutschen Geschichte, über die Sie geschrieben haben, und beweist damit wohl einige der Wahrheiten, die Ihr Buch enthält.

Ich glaube, daß es viele andere Zuschauer geben muß, die genau erkannten, was während dieser »Diskussion« geschah. Einer meiner Freunde, der zu einem gewissen Zynismus neigt, meinte sogar: »Ich bin ganz überrascht, daß sie ihn nicht aufgefordert haben, einen Judenstern anzulegen.«

Tatsächlich ist die Zahl der antisemitischen Bemerkungen, die man heute in Deutschland – von ganz gewöhnlichen, und wie ich betonen muß, gebildeten Deutschen –

zu hören bekommt, beinahe atemberaubend. Wenn die Deutschen Sie nicht für einen Juden halten, dann werden Sie Ihnen ein komplizenhaftes Lächeln gönnen, und anschließend bekommen Sie einige gemeine Judenwitze zu hören. Man wird Ihnen erzählen, daß ein Film wie »Schindlers Liste« ein Stück »jüdischer Propaganda« darstelle oder daß Spielberg den Film nur gemacht habe, »um einfach Geld zu verdienen« – derlei Kommentare habe ich von ihrer Sprache mächtigen, intelligenten Deutschen der oberen Mittelschicht zu hören bekommen. Von wohlhabenden Deutschen stammen auch Bemerkungen wie die folgenden: »Die Juden machen doch immer noch Ärger. Denken Sie nur an den Nahen Osten.« Unter gebildeten jüngeren Deutschen beklagt man sich natürlich voller Zorn darüber, daß hier »jemand« versucht, ihnen ein Schuldgefühl für etwas aufzudrängen, was eine ältere Generation getan hat. Doch von dem Augenblick an, da Sie deutlich machen, daß es bei Ihnen jüdische Wurzeln gibt, hören alle derartigen Bemerkungen sofort auf. Daher sollte man den Deutschen wohl für ein gewisses Maß an Höflichkeit dankbar sein. Man sollte ihnen wohl auch zugute halten, daß sie die Richtigkeit einer Bemerkung Freuds unter Beweis stellen, in der er darauf hinweist, wie dicht unter der Oberfläche der Zivilisation sich die Barbarei verstecken kann.

Beim Anhören dieser Diskussion mußte ich wieder einmal an eine bekannte Anekdote über Albert Einstein denken, die Sie möglicherweise bereits kennen, die ich aber wiederhole, weil sie, wie ich meine, in diesem Fall so gut paßt. Es geht in dieser Geschichte um Einsteins Kommentar zu einem Buch, das hundert nationalsozialistische Professoren veröffentlichten und in dem die Relativitätstheorie verdammt wurde. Als man Einstein nach diesem Buch fragte, war er an der Angelegenheit nicht besonders interessiert. »Wenn ich unrecht hätte«, so meinte er, »dann hätte ein Professor gereicht.«

Sicher gibt es außer mir auch viele andere Leute, die der Ansicht sind, wenn Ihr Buch ganz abwegig wäre, dann hätten es die deutschen Kritiker nicht nötig gehabt, Sie einzukesseln und zu überwältigen. Sie hätten nicht die Art von psychischem Druck einsetzen müssen, den sie bei den »Aschaffenburger Gesprächen« anzuwenden versuchten. Hätten Sie unrecht, dann hätte ein Professor ausgereicht.

Sincerely yours
Robert J. Bennett

München, den 30. September 1996

Sehr geehrter Herr Goldhagen,

nachdem ich gestern abend Ihren Artikel in der ZEIT gelesen habe und voll Wut und Zorn die vorigen Rezensionen Ihres Buches, möchte ich Ihnen gleich heute danken. Sowohl die Informationen, die ich bisher über Ihr Buch las, als auch Ihr Artikel sprechen mir aus dem Herzen. Ich kann aus eigenem Empfinden und eigener Beobachtung Ihre Aussage stützen, daß ohne die »bereitwillige Unterstützung« vieler Deutscher der Holocaust nicht möglich gewesen wäre und daß leider noch heute der Haß auf Fremdes und Fremde in vielen Herzen weiterlebt. Die Tabuisierung der wirklichen Gründe für den Holocaust hat mich schon als junges Mädchen dazu geführt, mich mit jüdischer Geschichte zu beschäftigen; die einzige mögliche Reaktion auf die Mauer des Schweigens und des Nicht-wissen-Wollens der Wahrheit war für mich, mich mit den Opfern zu identifizieren. Ich bewundere Ihren Mut zur Wahrheit – ich habe die Biographie zum Werk und Leben der jüdischen Lyrikerin Rose Ausländer geschrieben, die im Herbst erschien.[1] Allein die Tatsache, daß ich zu schreiben wagte, daß 1955 nicht nur Soldaten, sondern auch Mörder aus russischer Gefangenschaft zurückkehrten, setzte mich solchen Verbalmordattacken aus, wie Sie sie erleben mußten. Ich glaube, daß die Deutschen – sehr viele, leider – die Wahrheit nicht hören wollen, und weil Sie es wagten, diese auszusprechen, erfolgten die Angriffe. Deutsche Kritiker meinen es nicht nötig zu haben, nach Motiven zu fragen und anhand deren zu urteilen. Sie setzen Ihre voraus und urteilen nach diesen. Eines ihrer eigenen lautet mit Sicherheit: Wahrheit auszusprechen wird angeklagt, Lügen auszusprechen wird unterstützt. […]

Ich wünsche Ihnen und Ihrem Buch viel Kraft auf dem Weg, die Deutschen zur Wahrheit zu befähigen. Ich danke Ihnen aus ganzem Herzen für Ihre Schritte und wünsche Ihnen viel Schutz.

Mit lieben Grüßen
Cilly Helfrich

Ulm, den 2. August 1996

Dear Professor Goldhagen,

die Zeitungen von heute berichten von Ihren bevorstehenden Vorträgen in vier deutschen Städten. Ich erhielt eine Einladung für Ihre Veranstaltung in Aschaffenburg am 7. und 8. September, und ich beabsichtige zu kommen.

---

[1] Cilly Helfrich, »Es ist ein Aschensommer in der Welt«: Rose Ausländer, Weinheim-Berlin 1995.

Sogleich habe ich an den Veranstalter, Professor Guido Knopp geschrieben, um ihn darauf aufmerksam zu machen, daß die vorgesehene Diskussionsrunde unausgewogen ist und einen schlechten Eindruck hinterlassen wird. Sie ist kopflastig: Von sechs Teilnehmern sind vier Professoren, wenn man ihn als Diskussionsleiter mitzählt, sind es sogar fünf. Doch Ihr Buch handelt von gewöhnlichen Deutschen, es wendet sich nicht allein an Professoren und Wissenschaftler. Doch wer vertritt hier den gewöhnlichen Deutschen, den Sie in Ihrem Buch beschreiben?

Die Teilnehmer sind alle dafür wohlbekannt, daß sie die gleiche Grundauffassung vertreten. Unter ihnen befindet sich keiner, der Ihnen widersprechen oder von anderen Erfahrungen als den in Ihrem Buch beschriebenen berichten wird. Das Fragezeichen hinter dem Motto der Veranstaltung ist eine Farce. Man wird nicht fragen, ob gewöhnliche Deutsche Helfer und Henker waren. Alle werden mit Ihnen übereinstimmen. Knopp und die von ihm eingeladenen Gäste haben bereits bei ihrer letzten Diskussionsrunde in Aschaffenburg im November 1995 zum Ausdruck gebracht, daß buchstäblich jeder Deutsche, selbst der kleinste Hitlerjunge, von der Judenverfolgung wußte.

Ich weiß nicht, wie gut Sie die Lage in Deutschland kennen. Aber wohin Sie auch gehen, immer werden Sie nur Leute treffen, die jüdischer als die Juden sind, fast alle Deutschen geben vor, die Juden zu lieben, sich an dem schuldig zu fühlen, was immer ihnen auch angetan worden sein mag. Sie sprechen gern über ihren Schuldkomplex. Sie genießen ihn geradezu.

Wenn Sie genau dies hören wollen, dann machen Sie weiter mit Knopp und seinesgleichen. Doch ich sage Ihnen voraus, hinterher werden Sie alle Deutschen verachten, die Sie kennengelernt haben. Diese Feiglinge leisten den Juden Lippendienste. Niemand von diesen Leuten wird Ihnen die Wahrheit sagen, niemand wird sagen, was er wirklich denkt.

Ich habe Knopp vorgeschlagen, mich an der Diskussion teilnehmen zu lassen, aber das wird er wohl nicht tun. Es ist zu gut bekannt, daß ich eine andere Ansicht vertrete, die ich mit Tatsachen untermauern kann. Aber ich würde für Millionen ganz gewöhnlicher Deutscher sprechen und Ihnen die Wahrheit über das erzählen, was in diesem Lande vorgeht.

Ich, geboren 1929 in Berlin, war ein Hitlerjunge wie Millionen andere. Mit fünfzehn Jahren trat ich freiwillig in die deutsche Wehrmacht ein und habe bis zum letzten Tag an der Schlacht um Berlin teilgenommen. Hundert Prozent meiner Schulkameraden traten freiwillig in die Wehrmacht oder die Waffen-SS ein, keiner wurde gegen seinen Willen eingezogen. Daher kann ich für diese Generation sprechen, für den ganz gewöhnlichen Deutschen, vom dem Ihr Buch handelt, und über den kann Ihnen weder ein Professor aus Tel Aviv noch Ralph Giordano mit seinem sizilianischen Vater etwas erzählen.

Einer meiner besten Freunde in Berlin war jüdisch. Sogar er trat in die Wehrmacht ein und kämpfte in Berlin. Das ist möglicherweise etwas, von dem Sie noch nie gehört haben. Ich würde Sie wirklich gern treffen, weil ich das Gefühl habe, Sie verfügen über genug Mut und Charakter, um mit jemandem zu sprechen, der eine andere Meinung vertritt und aus einem anderen Milieu kommt. Und ich bin überzeugt, daß die meisten Deutschen, die Sie auf Ihrer »offiziellen« Rundreise kennenlernen werden, Sie anekeln werden.

Ich hoffe, bald von Ihnen zu hören.

Yours sincerely
Manfred Roeder

Schwarzenborn/Knüll, den 8. August 1996

Dear Dr. Goldhagen,

zunächst möchte ich mich Ihnen gerne vorstellen: Ich bin eine Studentin der Geschichte und der Politologie an der Universität Wien. [...]

Als regelmäßige Leserin der ZEIT habe ich die Diskussion über Ihr Buch verfolgt und es selbstverständlich auch persönlich gelesen (allerdings kann ich den Eindruck nicht verhehlen, daß nicht alle Rezensenten das Buch wirklich *gelesen* haben). Bitte, gestatten Sie mir, obwohl dies von seiten einer kleinen Studentin überheblich erscheinen mag, Ihnen zu Ihrem Werk zu gratulieren. Es behandelt eine Frage, auf die dringend eine Antwort benötigt wird – und Sie geben diese Antwort mit sehr schlüssigen Argumenten. (Wenn Ihre Hauptthese, wie einige Rezensenten behauptet haben, schon häufig von anderen vorgebracht worden ist, warum gab es dann um Ihr Buch eine derartige Aufregung?)

Sie erklären sehr deutlich, was Sie sagen oder fragen wollen (und dies bereits im Vorwort des Buches für den Fall, daß jemand nicht das ganze Buch lesen will), und dies bringt mich wieder zurück zu meinen Überlegungen über die Arbeitsweise der meisten Rezensenten.

Obwohl ich den Eindruck gewann, daß nicht alle Historiker und Politologen verstanden haben, was Sie sagen wollten, fand ich es doch beeindruckend, mit welcher Bereitwilligkeit Sie diskutierten und wie groß das interessierte Publikum war. (Ich habe versucht, eine Karte für die Diskussion in der Münchener Philharmonie zu bekommen, aber die Veranstaltung war total ausverkauft.) Vielleicht hat mich die Diskussionsbereitschaft deshalb so überrascht, weil ich – da ich in Österreich lebe – an eine solche Atmosphäre nicht gewöhnt bin. Nun möchte ich Ihnen einige Fragen zu Ihrem Buch stellen:

1. Trifft Ihre These über die Deutschen und den Antisemitismus auch auf die Österreicher zu? Manchmal heißt es, die Österreicher seien zwar nicht so gute Nazis wie die Deutschen gewesen, aber doch allemal die besseren Antisemiten.
2. Warum mißverstehen die meisten Deutschen Sie Ihrer Meinung nach, obwohl die Deutschen doch eine Menge an (Sie verstehen doch Deutsch?) »Aufarbeitung« leisten (so stellt es sich zumindest aus der österreichischen Perspektive dar)?
3. Wurde Ihr Buch in den Vereinigten Staaten auch derart umfassend wie in Deutschland diskutiert, und wenn ja, wie waren die Reaktionen dort?
4. Glauben Sie wirklich, daß die Deutschen den Antisemitismus überwunden haben, und wenn ja, etwa durch ihre »Aufarbeitung« und »Wiedergutmachung«?

Dear Dr. Goldhagen (entschuldigen Sie bitte, falls dies nicht Ihr korrekter Titel ist – in Österreich ist es sehr wichtig, einen zu haben), ich wäre Ihnen sehr dankbar, wenn Sie meinen Brief beantworten würden.

Yours sincerely
Verena Perlhefter

Wien, den 6. Oktober 1996

Sehr geehrter Professor Goldhagen,

[...] Ihr Buch hat mich tief beeindruckt. So habe ich es mir schon im Frühsommer 1996 in der Originalausgabe besorgt. Bereits nach »Querlesen« einiger Stellen hatte ich den Eindruck, daß Ihre Kritiker – vor allem in der Debatte in der ZEIT – offenbar Ihr Buch gar nicht gelesen hatten.

Geboren 1950, interessierte ich mich schon als Jugendlicher für Geschichte. Als Deutscher hatte ich damals ein eigenartiges Geschichtsbewußtsein. Es gab eine deutsche Geschichte, die bis 1945 ging. Danach war alles ein großer Nebel, aus dem ein neues, geschichtsloses und zweigeteiltes Deutschland aufstieg. Englische und französische Altersgenossen, die ich damals kennenlernte, beneidete ich stets um die Kontinuität ihrer nationalen Geschichte. Vom Holocaust beziehungsweise von dessen wahrem Ausmaß erfuhr ich erst relativ spät. Allerdings hatte ich bereits mehrere Fragen in meinem Kopf angesammelt, die mir keiner beantworten konnte oder wollte. Obwohl meine Familie väterlicherseits zum größten Teil antifaschistisch war (Urgroßvater im KZ, Großvater im Zuchthaus), konnte ich mich an Äußerungen erinnern wie: »Dr. XY war ja ein sehr guter Kinderarzt, obwohl er ein Jude war.« Als ein etwas altkluges Einzelkind habe ich dann als Sechs- oder Siebenjähriger immer nachgefragt, warum man denn nicht mehr zu diesem guten Arzt gegangen sei usw.

Als Jugendlicher habe ich viel Zeit in Bibliotheken verbracht und bin unter anderem der »Judenfrage« nachgegangen. So haben sich neben den Kindheitserinnerungen immer mehr Einzelinformationen angesammelt, die aber auch zusammengenommen die Frage nicht beantworten konnten, wie und warum der Holocaust geschehen konnte.

Ihr Buch ist für mich gleichsam eine Vorlage für ein Puzzle gewesen, auf der ich die Einzelinformationen zu einem Gesamtbild zusammensetzen konnte.

Eines dieser Puzzleteile war für mich die Frage, warum ein Staat, der Weltmachtgelüste hat, einen Großteil seiner wissenschaftlichen Elite erst anpöbelt, dann aus den Ämtern jagt und schließlich ermordet. [...]

Als Nebeneffekt, für den ich Ihnen sehr dankbar bin, hat das Lesen Ihres Buches bei mir auch dazu geführt, daß ich in meiner Freizeit wieder viel mehr Historiker etc. lese. Meine medizinische Spezialisierung ist innerhalb der inneren Medizin die Hämatologie/Onkologie, und seit zehn Jahren betreue ich vor allem HIV-Patienten. So bin ich auch beruflich allergisch geworden gegen die Diskriminierung von Minderheiten.

Leider habe ich Ihre Deutschlandtournee im Herbst letzten Jahres – nach Erscheinen der deutschen Übersetzung – verpaßt und konnte Sie nur in einer Fernsehdiskussion sehen. Sie haben mich sehr beeindruckt. [...]

Jedenfalls haben Sie mit Ihrem Buch eine gewisse Ordnung in mein Geschichtsverständnis gebracht, und dafür bin ich Ihnen sehr dankbar.

Ihr *Gerd Bauer*

Berlin, den 3. März 1997

II.

*»Ihre Untersuchung fordert
die Deutschen heraus«*

Über die Darstellung
von Geschichte

Sehr geehrter Herr Professor Goldhagen,

gerade habe ich im Fernsehen die beschämenden Bilder der Ereignisse um die Münchener Ausstellung über die Verbrechen der Wehrmacht im Dritten Reich gesehen! In verschiedenen Veröffentlichungen meldeten sich in den letzten Wochen wieder einige Historiker zu Wort, die mehr oder weniger erfolgreich gegen Ihr Buch polemisierten, indem sie einige eigentlich längst widerlegte Vorwürfe gegen Ihre Thesen wiederaufwärmten. Diese Borniertheit der Ewiggestrigen und Unbelehrbaren macht mich so zornig, daß ich Ihnen nun spontan diesen Brief schreibe! Ich möchte mich nämlich bei Ihnen bedanken für Ihr Buch, das ich mit gehöriger Skepsis vor allem nach der recht abfälligen Ankündigung im SPIEGEL zur Hand genommen habe und dessen Lektüre für mich dann allerdings wie eine Befreiung war. Endlich hat jemand den Mut, über fünfzig Jahre nach Kriegsende die Perspektive der Beurteilung des Holocaust wieder so zu verrücken, daß die zentrale Frage nach Ursache und Verantwortung für diese Verbrechen wieder in den Mittelpunkt rückt. Als Angehörige der Sohn-Tochter-Generation, aber auch als Historikerin und Lehrerin waren mir Forschungsansätze und -ziele der meisten Geschichtswissenschaftler schon seit Beginn meines Studiums ein Ärgernis. Die Fülle historischer Details ohne Einbindung in einen ideellen Zusammenhang, die Anonymität des strukturgeschichtlichen Ansatzes, der die Gesichter der Opfer wie der Täter vergessen ließ, und nicht zuletzt auch die bequeme These von der Kollektivschuld, über die man sich trefflich ärgern, hinter der man sich aber auch wunderbar verstecken konnte, haben den Blick verstellt für die entscheidende Frage: Wie konnten Menschen anderen Menschen so etwas antun? Hinzu kam, daß einige Historiker sich dem Faszinosum des Systems, das sie eigentlich kritisch analysieren sollten, nicht immer ganz entziehen konnten.

Für mich als Lehrerin war es deshalb besonders wichtig, mit meinen Schülern über Ihre Thesen zu diskutieren. Meine Abiturienten, 18- bis 19jährige Jugendliche, haben zunächst verstört reagiert, voller Ablehnung und teilweise auch mit Aggressivität. Dann aber, nach intensiver Diskussion und genauerer Beschäftigung mit dem Material, wurden die meisten sehr nachdenklich. Ihrer eindrucksvollen Darstellungskraft konnte sich keiner entziehen, und es war für mich interessant zu beobachten, was im Januar dieses Jahres geschah. Mein Kurs sollte eine Textcollage für die Schulfeier zum nationalen Gedenktag anläßlich der Befreiung von Auschwitz vorbereiten. Bei der Textauswahl war es an erster Stelle Ihr Buch, das herangezogen wurde und aus dem die Schüler dann ausführlich rezitierten, vor über vierhundert Schülern und der interessierten Öffentlichkeit unserer Stadt.

Sehr geehrter Herr Goldhagen, ich wünsche mir, auch für meinen Sohn und für meine Tochter, meine Schülerinnen und Schüler, noch viele Veröffentlichungen von Ihnen. Wir brauchen Historiker wie Sie – mit Ihrem Mut und mit Ihrer Integrität. Die Jungen werden eines Tages die Verantwortung übernehmen, und sie haben das Recht auf »ihre« Geschichte, auch wenn sie schmerzlich sein mag, um zu lernen und zu verstehen.

Für Ihre weitere Arbeit wünsche ich Ihnen von Herzen Kraft und Gesundheit.

In Verbundenheit grüßt Sie herzlich
Ihre *Inge Barth-Grözinger*

Ellwangen, den 5. März 1997

54

Sehr geehrter Herr Goldhagen,

[...] Erst einmal möchte ich mich für Ihr Buch bedanken. Sie haben damit neue Aspekte und Sichtweisen eröffnet, die bislang im Hintergrund lagen. Nun, soweit ich es beurteilen kann. Denn ich bin weder in der Historie noch in der Soziologie fachlich bewandert.

Am meisten hat mich der Aspekt des Wählens fasziniert. Mir war nie zuvor bewußt gewesen, daß alle Menschen, in welchem Rahmen auch immer, jederzeit eine Wahl haben und die Deutschen damals auch diese Wahl hatten. Ferner habe ich, wenn es sich um Konzentrationslager bzw. Judenverfolgung handelte, alles immer ziemlich institutionell gedacht: Es waren die Nazis, SS, Wehrmacht usw. In Ihrem Buch werden diese alle personifiziert, es wird auf die einzelnen eingegangen, um dann einen Gesamteindruck zu vermitteln und nicht umgekehrt.

Zumindest hatte ich diesen Eindruck nach meinen ersten Seiten in Ihrem Buch (bin im Augenblick noch nicht sehr weit gekommen) und nach den Diskussionsrunden, die im ARD und 3SAT gesendet wurden. Im größten Teil der Sendungen mußten Sie allerdings einige Mißverständnisse ausräumen.

Die Aufklärung, wie Sie z. B. die Generalisierung »die Deutschen« gemeint haben, war ein konstantes Element Ihrer Runden. [...] Diese Unklarheit habe ich, nachdem ich Ihr Vorwort gelesen hatte, nicht ganz nachvollziehen können. Nach der Einleitung begann ich es doch zu verstehen.

Da war doch die Sendung aus Aschaffenburg interessanter, ausgenommen von recht unwissenschaftlichen Bemerkungen einiger Diskutanten. Sehr verwundert haben mich u. a. die Zuschauerfragen, von denen ich nur ein paar in den letzten Sendeminuten mitbekam. Verwundert in der Hinsicht, daß ich den Eindruck hatte, daß viele Deutsche, speziell diejenigen, die den Krieg bewußt miterlebt hatten, mit der Verarbeitung der Vergangenheit doch große Schwierigkeiten haben. Aber das ist wohl »kein deutsch-spezifisches« Phänomen, wenn man sich z. B. Japan bezüglich Korea ansieht.

Ich bin ein sogenannter »Nachkriegsgeborener« und nicht deutsch (lebe seit siebzehn Jahren hier). Jedoch dachte ich, daß fünfzig Jahre ausreichen würden, um die Vergangenheit mit gewisser?! Objektivität (oder besser Distanz) zu betrachten. Viele der Fragen, besonders von älteren Personen, begannen mit Verteidigungen, Rechtfertigungen, Vorwürfen etc. Habe ich einen falschen Eindruck gewonnen, oder waren die Fragen, die ich mitbekam, ein zu kleiner Ausschnitt? [...]

Ansonsten wünsche ich Ihnen noch viele erfolgreiche Schaffensperioden.

Mit freundlichen Grüßen
Sun-Joung You

Aachen, den 23. Oktober 1996

Dr. Goldhagen,

»Hitler's Willing Executioners« stellt eine ausgezeichnete Arbeit dar, die zur Pflichtlektüre für Studenten in aller Welt werden sollte. Dazu möchte ich Ihnen gern gratulieren und Ihnen viel Glück bei den harten Auseinandersetzungen wünschen, die Ihnen zweifellos bevorstehen. Die Wahrheit über jene finstere, schreckliche Zeit wird möglicherweise

56

niemals vollständig an die Oberfläche gelangen, aber Ihr Buch dient dazu, uns zu mahnen, daß diese Diskussionen niemals enden dürfen.

Ich habe mir das berühmte Photo aus Ivangorod auf Seite 476 noch einmal genau angesehen. Ich habe dieses Bild im Laufe der Jahre immer wieder betrachtet, aber eine bestimmte Einzelheit habe ich bisher stets übersehen. Es drängt sich der Eindruck auf, als sei die Frau gezwungen worden, auf einem großen Stein zu balancieren, als sie ihr Kind vor ihrer Ermordung umarmte. Dieses eine Bild ist für mich so viel »wert wie tausend Worte«, und Ihr Buch bestärkt mich in dieser Auffassung. Der Holocaust war keine Hinrichtung, die einige wenige durchführten; er war eine grausame, brutale Tortur, die viele Täter einem Volk zufügten.

Mancher, der die Geschichte des Zweiten Weltkriegs nicht wahrhaben will, glaubt, daß die meisten Deutschen aus ihrer jahrhundertelangen antisemitischen Indoktrination erlöst werden können. Untersuchungen wie die Ihrige, fordern die Deutschen heraus, ehrlicher und objektiver über ihre Vergangenheit nachzudenken.

Ihr Mut und die Tatsachen können eine notwendige Hilfe für jene Deutschen darstellen, die ihre Bildungsreise in Richtung Wahrheit und Einsicht bereits angetreten haben. Und dies ist eine wichtige Reise, auf die sich die ganze Menschheit begeben sollte.

Bleiben Sie standhaft.

Sincerely
Wayne Hutchison

Woodside/New York, den 22. Mai 1996

Sehr geehrter, lieber Herr Dr. Goldhagen,

soeben, gestern, habe ich begonnen, Ihr Buch zu lesen. Es bestätigt sich in so hohem Maße meine Ahnung aus der ZEIT-Diskussion, daß ich Ihnen schon jetzt, nach den ersten fünfzig Seiten, voller Dank und Freude schreiben möchte!

Wir gehören zur selben Generation (ich bin 1952 geboren), und ich möchte es auf den Nenner bringen: Ihr Buch ist die Antwort meiner Generation auf die (bewußt oder/und unbewußt) ideologisch verkürzende und verschleiernde »Sachlichkeit« unserer Eltern- und Großelterngeneration; wobei dies auf Sie selbst ja nun gerade nicht zutrifft. Das Buch, auf das ich – und sicher nicht nur ich – seit Jahren gewartet habe …

Seit ich in Berlin (früher West-Berlin) lebe, seit 1984, habe ich mit zunehmender Erschütterung hier auf den Trödelmärkten und in Antiquariaten zeitgeschichtlich aufschlußreiche Bücher aus der Zeit zwischen 1900 und 1950 gefunden – und immer deutlicher wurde mir, wie vieles von den Fachwissenschaften offenbar durchgängig ignoriert wird, wenn es um die Entwicklung zum und im Nationalsozialismus geht. Insbesondere autobiographische Literatur von »Nichtprominenten« scheint niemals ernst genommen und ausgewertet zu werden, aber auch alte Fachliteratur nicht, die von ihren initiierten Aussagen wohl mit Fug und Recht als unwesentlich gelten kann, die aber interessieren könnte und müßte von ihrem Weltbild, was implizit darin zum Ausdruck kommt.

Und dazu wird mir klar, daß das meiste, was in den ersten paar Jahren nach 1945 an autobiographischen Darstellungen (oft in Romanform) verlegt wurde, später nie wieder aufgelegt wurde.

In dem Bereich das meiste: Darstellungen von Verfolgten des Nationalsozialismus. Es ist nicht Thema dieses Briefes, aber ich möchte doch sagen, daß ich immer deutlicher auch spürte: Solche Bücher zu lesen – immer weiter –, solche Erfahrungen anderer, Verfolgung, Demütigung, KZ, Tod, will ich immer in mir lebendig halten, in meinen Alltag hineinnehmen, sie nicht hinter mir lassen.

Ich muß betonen, daß mein Suchen und Nachdenken über diese Themen immer laienhaft bleiben wird, aber ich empfand – als Laie – deutlich Unbehagen bei der – unsystematischen – Lektüre neuer anerkannter Fachliteratur zum Thema des Nationalsozialismus. Das war alles so ordentlich, so aufgeräumt, aber da fehlte so vieles – und fehlte gerade das konkret Menschliche. Was waren das für Menschen, die so gehandelt haben?

Dazu kommen manche Erlebnisse hier in Berlin, mit Hauswartsfrauen, die über »Türken« sprachen, Taxifahrern, die über bestimmte Kieze sprachen. Ich frage mich manchmal: Was hätten die damals gesagt, getan, empfunden?

Immer wieder diese Frage, was für Menschen das damals waren. Sind sie heute denn wirklich so anders? Sind heute nicht nur die Rahmenbedingungen anders?

Dazu fand ich auch in der heutigen Fachliteratur kaum Antworten.

Und dann Ihr Buch. Sie werden inzwischen verstehen, wieso es mich in so hohem Maße berührt und ich Ihnen dankbar bin. Danke, danke!

Dieses Buch haben Sie nicht nur auch in meinem Namen, sondern für viele geschrieben, insbesondere aus unserer Generation. Ihre explizite und implizite Wissenschaftskritik korrespondiert eng mit einer Skepsis, die wohl erst nach der 68er-Zeit nicht mehr nur bei wenigen einzelnen entstanden ist. [...] Auch wenn derzeit wenig mitzukriegen ist von konkretem gesellschaftskritischen Engagement, bin ich zuversichtlich, daß *es* weitergeht. Derzeit vielleicht in anderen Bereichen, zum Beispiel der ökologischen Problematik. Auch daß die Zeit offensichtlich reif ist für Ihr Buch, zeigt, daß kritisches Nachdenken über die ideologische Abdichtung – und dann thematisch, über das Schreckliche, über das Schicksal der Menschen weitergeht. [...]

Noch mal: Ich danke Ihnen – und grüße Sie als einen von uns! Vielleicht kommen Sie ja auch nach Berlin zu einer Veranstaltung?

Ganz herzliche Grüße aus Berlin!
Mondrian Graf v. Lüttichau

Berlin, den 17. August 1996

Dear Mr. Goldhagen,

wenn ich die deutschen Reaktionen auf Ihr Buch über den Holocaust mit denen in Amerika vergleiche, dann wird deutlich, daß Sie für ein amerikanisches Publikum geschrieben haben. Das ist ja auch ganz verständlich, da Sie ja schließlich Amerikaner sind. Ich bin Deutschamerikaner und 1920 in Düsseldorf geboren. Mit anderen Worten gesagt: Ich bin ein ganz gewöhnlicher Deutscher und damit wahrscheinlich auch einer von »Hitlers willigen Vollstreckern« an den Juden. Aber lassen Sie uns diese Anschuldigung vergessen.

Ich bin im Jahre 1961 in die USA eingewandert, verbringe hier also meine zweite Lebenshälfte. Den tiefen Unterschied zwischen der Zivilisation, in der Sie aufgewachsen sind, und der Kultur, aus der ich stamme, habe ich in meinem Leben selten verspürt. Stören Sie sich nicht daran, daß ich zwischen einer Kultur und einer Zivilisation unterscheide. Die Vereinigten Staaten sind noch zu jung, um eine tief verwurzelte Kultur entwickelt zu haben, wie es in den meisten europäischen Ländern mit ihrer mehr als tausend Jahre alten Tradition der Fall ist. Ich erwähne dies nur, um zu betonen, daß die zwölf Jahre dauernde Herrschaft eines Verbrechers in Deutschland nicht die ungeheuren Leistungen auf allen Feldern menschlicher Tätigkeit auslöschen kann, die es in der Kunst, der Wissenschaft und bei der Überwindung der Zerstörungen vieler Kriege zwischen mächtigen fremden Staaten auf deutschem Boden als Kampfplatz gegeben hat, so etwa im Falle des Dreißigjährigen Krieges, in dem zwei Drittel aller Deutschen getötet wurden.

Ich leugne die Verbrechen Hitlers und seiner Bande nicht. Wenn mir jedoch meine amerikanischen Freunde vor Erscheinen Ihres Buches erzählten, daß 75 Prozent der Deutschen von den Verbrechen wußten und die Mehrheit von ihnen mit diesem Geschehen einverstanden war, dann wurde eines deutlich: All diese Amerikaner benötigten dringend jemanden, der ein pseudo-wissenschaftliches Buch schrieb und dabei, wie Sie es für sich in Anspruch nehmen, neue Beweise vorlegte, die allerdings ernsthaften Historikern längst bekannt waren. Sie überfrachteten dieses Material mit sensationellen Schlußfolgerungen sowie explosiven Gefühlen und Emotionen; und Sie wurden von Ihren Kollegen sowie den meisten bekannten Zeitungskommentatoren und ihren Anhängern gelobt. Am Ende Ihrer Darbietung gelangten Sie zu einer umfassenden Verdammung Deutschlands und der Deutschen.

Während ich das Leben in beiden Ländern aus eigener Anschauung kenne, beglückt es mich, daß die Menschen um mich herum eine Entscheidung treffen müssen. Entweder folgen sie Ihnen und bleiben mit Ihnen in der Vergangenheit verhaftet, oder sie stellen sich auf die Seite derer, die die Deutschen genauer kennen und bereit sind, mit ihnen für eine bessere Zukunft zu kämpfen. Die deutsche Kultur umfaßt viel Erhaltenswertes, das in ein neues Jahrhundert und ein neues Jahrtausend mit hinübergenommen werden sollte. Ihre Ideen dagegen haben keine Zukunft. Sie laufen auf Rache hinaus, auf die Errichtung einer unüberwindlichen Mauer von Gefühlen zwischen Amerikanern und Deutschen; und die ernsthaften Versuche einer Versöhnung zwischen Juden und Deutschen, die trotz unglaublicher Schwierigkeiten bereits im Gang sind, können dabei schweren Schaden nehmen.

Sincerely
Helmut Kreitz, PhD

St. Petersburg/Florida, den 14. September 1996

Dear Mr. Goldhagen,

dieser Brief soll im wesentlichen von Ihrem Buch und meiner Reaktion darauf handeln, die ich immer noch schwer beschreiben kann, obwohl ich es schon im Mai gelesen habe. Mein erster Antrieb war Neugier. [...] Die einzige Möglichkeit war für mich, das Buch auf englisch zu lesen, um endlich herauszufinden, worüber sich die Kritiker so aufregten. Um ehrlich zu sein, weiß ich es immer noch nicht. [...]

Ich bin nicht in der Lage, mögliche Ungenauigkeiten im ersten Abschnitt zu beurteilen, in dem Sie den Ursprung dessen, was Sie »eliminatorischen Antisemitismus« in Deutschland vor Hitler nennen, da ich kein Experte für dieses Thema bin – trotzdem bin ich sicher, und ich war vor der Lektüre noch nicht so sicher, daß der Antisemitismus bis zu einem bestimmten Grad existierte und breite Unterstützung fand.

Der zweite Teil mit dem Material über die Polizeibataillone, die »Arbeits«lager und die Todesmärsche war derjenige, der einen unfaßbaren Eindruck bei mir hinterließ, der mich böse machte und erschauern ließ. »Böse«, weil ich als jemand, der sich nicht wissenschaftlich mit diesem Kapitel der deutschen Geschichte befaßt, keine Möglichkeit habe, darüber etwas zu wissen, da solche Informationen nur Spezialisten zugänglich zu sein scheinen. Erschauern ließ mich der Inhalt dieser Kapitel und die Art und Weise, in der Sie davon berichten.

Als wäre der Inhalt selbst nicht furchterregend und schrecklich genug, macht es Ihre neutrale und emotionslose Art, von Dingen zu erzählen, über die ich weder sprechen noch ohne Gefühl nachdenken kann, noch furchtbarer. Sie sind entweder nur gemein, sich dieser Methode zu bedienen, oder Sie sind ein Gelehrter, der weiß, wie man Leute zum Denken zwingt. Ich schätze, Sie bevorzugen letzteres. Aber diese Methode ist möglicherweise der einzige Weg, die Menschen dazu zu bewegen. Ich glaube, man nennt es »Schocktherapie«.

Manche Passagen Ihres Buches bleiben besser unkommentiert, da kein Wort darüber die Einsamkeit und Traurigkeit des Lesers ausdrücken kann. Wie waren Sie in der Lage, so etwas zu schreiben, ohne verrückt zu werden und die Wände anzuschreien? (Oder haben Sie das getan?)

Als ich Ihr Buch beendet hatte, waren mir die Motive klarer, die sonst gewöhnliche Frauen und Männer dazu bringen, ihr Gegenüber zu töten oder ihm irgend etwas

Grausames anzutun – was meine Stimmung nicht verbes-
serte. Das überzeugendste Motiv rechtfertigt nicht die Ermordung eines Menschen, und folglich nimmt einem das
Wissen um die Motive nicht das Unverständnis und die
Trauer über ein Ereignis, dem das Wort »Unrecht« nicht
mehr zugeordnet werden kann. [...]

Yours gratefully
Franziska Hartwig

Berlin, den 11. Januar 1997

Dear Daniel Jonah Goldhagen,

ich habe gerade die deutsche Ausgabe Ihres Buches »Hitler's Willing Executioners« gelesen, und selbstverständlich
habe ich vom ersten bis zum letzten Wort den Wunsch empfunden, Ihnen zu schreiben [...].
Ich habe alle Beiträge in der ZEIT und auch die Artikel
im SPIEGEL gelesen, die für oder gegen Ihr Buch Stellung
nehmen, und nicht zuletzt kenne ich auch den Aufsatz von
A. S. Markovits in »Blätter für deutsche und internationale
Politik«[1]. Da inzwischen die deutsche Ausgabe vorliegt,
konnte ich Ihr Werk nun auch selbst lesen, denn ich bin
nicht in der Lage, ein derartiges Buch in Englisch zu bewäl-
tigen. Nun habe ich mir aufgrund meiner Lektüre eine eigene Meinung bilden können, und ich möchte sagen, daß es

---

[1] André S. Markovits, »Störfall im Endlager der Geschichte. Daniel
Goldhagen und seine deutschen Kritiker«, in: Blätter für deutsche
und internationale Politik 6/1996, S. 667–674.

sich um ein für alle Deutschen sehr wichtiges Buch handelt. Sie präsentieren eine Reihe noch nie gehörter Beispiele, Fälle, Argumente und Materialien, die alle zusammen die Auffassungen der meisten Menschen über das Dritte Reich, den Holocaust und die Beteiligten verändern müssen. Eine der wichtigsten und von Ihnen gut erforschten Tatsachen besteht darin, daß beinahe jeder Mann und jede Frau sich weigern konnten, bei den Morden mitzumachen. Sehr junge Studenten in meinen Vorlesungen – und natürlich auch Menschen in meinem Alter – vertreten die Ansicht, daß jeder, der sich geweigert hätte, selbst getötet worden oder zumindest in Lebensgefahr gewesen wäre. Zweifellos gibt Ihr Buch eine neue und tiefergehende Antwort auf die Frage, wie und warum der Holocaust geschehen konnte, warum Männer und Frauen das tun konnten.

Ich bin 1938 geboren und Professor für Pädagogik. Seit einigen Jahren halte ich Lehrveranstaltungen über »Erziehung nach Auschwitz« ab. Beim nächstenmal werde ich anhand Ihres Buches mit den Studenten arbeiten, denn es gibt kein anderes Buch, das eine derartige Einführung in den Antisemitismus in Deutschland bietet und gleichzeitig eine so überzeugende Erklärung der Motive und des geistigen Umfeldes liefert. Und der Blick auf die Täter ist notwendig, will man Adornos erstem Postulat an die Erziehung gerecht werden, »daß Auschwitz nicht noch einmal sei«. Ihr Buch ist nicht nur ein wichtiges Werk und ein Fortschritt gegenüber allen bislang vorgelegten Forschungsberichten, auch die Sichtweise, der Standpunkt, die Methoden, die Klarheit und anderes füllen eine Lücke. Es ist keineswegs »einfach ein schlechtes Buch«, wie E. Jäckel in der ZEIT meinte.[2] [...]
Da ich mich sehr für Fragen der Moral interessiere, stel-

---

[2] Eberhard Jäckel, »Einfach ein schlechtes Buch. ›Hitler's Willing Executioners‹ von Daniel J. Goldhagen fällt in primitive Stereotypen zurück«, in: DIE ZEIT vom 17. 5. 1996, S. 14.

len sich mir auch einige Fragen zu Ihrem Buch. Im Vorwort zur deutschen Ausgabe sagen Sie, Ihr Interesse bestehe in der historischen Erklärung, nicht in einer moralischen Bewertung oder in der Beschäftigung mit Fragen nach Verantwortung und Schuld. Diese wissenschaftliche Entscheidung oder Schwerpunktsetzung geht natürlich in Ordnung. Ich aber beschäftige mich sehr stark mit Fragen der moralischen Beurteilung sowie Zusammenhängen zwischen Moralphilosophie und Erziehung. Daher stellten sich mir bei der Lektüre Ihrer Argumente einige Fragen, weil Ihre Erklärungen, so meine ich, zwar nicht direkt, aber doch indirekt eine Antwort auf moralische Fragen liefern, was durchaus ein Nebenergebnis Ihrer Hauptthematik und Ihrer Interessen sein mag. Ihre Darlegungen über Motivation und kognitive Modelle hören sich derart deterministisch an, daß für mich der Eindruck entsteht, alle Vollstrecker seien demnach moralisch ohne subjektive Schuld geblieben. Vom Standpunkt der universellen Menschenrechte sind sie zwar Verbrecher, aber vor ihrem eigenen Gewissen sind sie das nicht, denn sie glaubten ja an die nationalsozialistische Theorie, daß der Mord an den Juden eine gute Tat darstelle.

Bei der Lektüre der deutschen Ausgabe habe ich mir eine Reihe von Sätzen notiert, die mir so deterministisch zu sein schienen, daß sie als Entschuldigung für die Täter dienen könnten. Sie liefern so den Vollstreckern die Theorie zu ihrer Selbstrechtfertigung: »Wie hätten wir in unserer Lage feststellen können, daß es für uns, die Deutschen, und für die ganze Welt und deren Zukunft nicht gut war, die Juden zu töten, bei denen es sich doch nicht wirklich um menschliche Wesen handelte?« [...]

Ich bin sehr interessiert an Ihrer Antwort, falls Sie dazu Zeit finden.

Mit meinen besten Wünschen für Sie und Ihre Diskussions-
veranstaltungen in Deutschland und mit meinen herzlichen
Grüßen

Yours
Professor Dr. Josef Fellsches

Bochum, den 24. August 1996

Dear Mr. Goldhagen,

nachdem ich den Artikel in der Süddeutschen Zeitung vom
9. September gelesen hatte[1], bemühte ich mich um eine Ein-
trittskarte für die Diskussion in Gasteig – und ich hatte Erfolg. Vielen Dank für Ihr Kommen und dafür, daß Sie zu
uns gesprochen, Ihr Buch erklärt und gegen Fehlinterpretationen verteidigt haben. Mein Mann konnte leider nicht bei
der Veranstaltung dabeisein, nicht daß er sich ein Fußball-
spiel im Fernsehen angesehen hätte; er war einfach nach einem langen Arbeitstag zu müde und brauchte Ruhe. (Er ist
59, ich bin 54 Jahre alt.)

Ihr Werk erinnert mich stark an Alexis de Tocquevilles
»De la Démocratie en Amérique«. Dies ist ein gründliches
und ernsthaftes wissenschaftliches Buch, doch es ist auch

---

[1] Evelyn Roll, »Eine These und drei gebrochene Tabus. Je mehr
seine Kritiker ihn bedrängen, um so näher rückt der Wissenschaftler seinem Publikum – da ist einer, der die richtige Frage
nach den Tätern stellt«, in: Süddeutsche Zeitung vom 9. 9. 1996,
S. 3.

von einem Menschen geschrieben, der vielseitiger ist als die Abstraktion, die einige Akademiker als einen »Wissenschaftler« definieren. Damit will ich sagen, daß Alexis de Tocqueville – obwohl er die amerikanischen Institutionen gründlich und wissenschaftlich untersuchte und beschrieb – nicht nur ein Buch über Amerika verfaßte, sondern indirekt auch ein zweites Buch über Frankreich und Europa und dabei für Freiheit und Demokratie plädierte. Unglücklicherweise lernten die europäischen »Honoratioren« nicht die Lektion, die Tocqueville ihnen 1835 und 1840 zu vermitteln versuchte.

Einige Leute (Wissenschaftler?) versuchen gegen Finsternis und Grausamkeit anzukämpfen, indem sie historische Dokumente und Statistiken sorgfältig zu interpretieren suchen, was sicherlich ein verdienstvolles Unterfangen ist. Andere Leute (Dichter?) versuchen, die Menschen zu veranlassen, Solidarität und Anstand zu beweisen, und auch das ist eine sehr verdienstvolle Angelegenheit. Und schließlich gibt es auch noch Leute (Tocqueville?), die beide Ansätze miteinander verbinden.

Ihr Buch trifft mitten in das Herz der Finsternis, und ich hoffe, Sie werden fortfahren, die Menschen zum Denken und zum Fühlen zu veranlassen. Richard Rorty, den ich sehr bewundere und dessen Bücher mich veranlaßt haben, meinen persönlichen Ansatz philosophischen Denkens zu verändern, könnte über Ihr Buch weit klügere Dinge sagen, als ich sie zum Ausdruck bringen kann.

Ich bin Mitglied eines privaten Kreises von Menschen mit unterschiedlichem beruflichen Hintergrund, die einmal im Monat zu Vorträgen über ihre jeweiligen Interessen (Literatur, Kunst, Politik, Philosophie usw.) zusammenkommen. Ich werde versuchen, dort über Ihr Buch zu sprechen. Wir sind insgesamt nur eine Gruppe von zwanzig Leuten, und nicht alle sind Akademiker (wie ich); wir können nicht darauf hoffen, jemals 2 300 Menschen zusammenzubringen, die uns zuhören. Aber die Quantität ist nicht das wichtigste.

Ich danke Ihnen nochmals und verbleibe
mit vorzüglicher Hochachtung
Hildegard Geisberger

München, den 11. September 1996

Dear Professor Goldhagen,

ich muß gestehen, daß ich bisher noch nie an den Autor eines Buches geschrieben habe. Aber das ganze letzte Wochenende habe ich nur mit Ihrem Buch verbracht, und ich möchte Ihnen persönlich danken, weil Sie den Mut und den Scharfsinn hatten, es zu schreiben.

Seit meinem Besuch in Dachau vor fünfzehn Jahren weiß ich, welch eine Augenwischerei die dortige »Gedenkstätte« ist, seitdem hat mich die »Vermenschlichung« des Holocaust immer stärker deprimiert. Sophie, Schindler und nun Miep sind zu seinen Aushängeschildern geworden, »Gerechte« unter den Christen und ökumenische Fragen verschleiern die Ungeheuerlichkeit dieses spezifischen Krieges gegen die Juden. Und nun, da Hollywood das Thema entdeckt hat, handelt es sich hier einfach um eine weitere Angelegenheit von gesellschaftspolitischem Interesse wie die Bürgerrechtsbewegung, die Frauenbefreiung und die Todesstrafe.

Ich hoffe, Steven Spielberg liest Ihr Buch und entscheidet sich dafür, aus dem Stoff einen Dokumentarfilm zu machen, der in allen Schulen und religiösen Institutionen Amerikas gezeigt wird. Ich bin sicher, daß viele Menschen genau so wie ich bereit sein werden, zu diesem Zweck Geld zu spenden.

Ihr Buch habe ich bereits allen empfohlen, die ich seit Sonntag abend gesehen oder gesprochen habe, und ich habe mich geweigert, mein Exemplar zu verleihen. Ich werde das Buch von nun an allen meinen Familienmitgliedern und Freunden schenken. Wir sind Ihnen alle zu Dank verpflichtet für die brennende Ernsthaftigkeit, mit der Sie den Mythos zerstören, daß die Deutschen »nichts gewußt hätten«. Ich wünsche Ihnen, daß Sie mit dieser gewaltigen Leistung einen großen Erfolg haben werden, damit Sie weiterhin über die schreckliche Wahrheit der Geschichte forschen und publizieren können.

Sincerely
Marilyn Penn

New York, den 26. März 1996

III.

»Und nun zu Ihrem Problem:
den Juden«

Antisemitismus und Rassismus

Dear Professor Goldhagen,

Ihr Buch habe ich noch nicht gelesen, doch ich verfolgte mit großem Interesse die verschiedenen Diskussionen auf dem Bildschirm.

Sie scheinen mir bereit zu sein, die deutschen Kritiker anzuhören, und hoffentlich auch willens, Ihre Ansicht zu korrigieren!

Der Hauptpunkt war *nicht* die Judenfrage, sondern *die Verzweiflung der sechs Millionen Arbeitslosen*, und natürlich war es General Hindenburg als Reichspräsident, der für Hitler den Weg freimachte.

Ich bin Jahrgang 1913, machte 1933 mein Abitur und studierte bis 1936 in Hamburg, Dresden und Berlin. Meine Eltern waren Mitglieder der SPD. Deshalb verlor mein Vater im Oktober 1932 seine Stellung. Da er zu stolz war, staatliche Unterstützung in Anspruch zu nehmen, begann er mit dem Verkauf von Seife und anderen Waschmitteln und verdiente kaum etwas dabei; aber er änderte niemals seine politischen Ansichten.

Was mich betrifft, so trat ich nach meinem ersten Semester an der Universität Hamburg im Sommer 1933 in den damals noch freiwilligen Arbeitsdienst ein. Wir trugen damals noch keine Uniformen, und unsere Gruppierung bestand zur einen Hälfte aus Arbeitslosen und zur anderen aus Studenten. Es war eine großartige Zeit! Stellen Sie sich nur vor: Wir pflanzten zusammen mit einem Förster und seinen Leuten kleine Tannenbäume oben im Harz, wir halfen Bauern beim Dreschen und Trocknen des Korns, wir melkten die Kühe und säuberten die Ställe. Das waren wichtige praktische Erfahrungen nach so viel Theorie in der Schule.

Nach der naturwissenschaftlichen Lehrerprüfung erhielt ich in Mecklenburg meine erste Stelle, danach arbeitete ich vom April 1937 bis 1940 in Bremen, dann habe ich geheiratet.

Während dieser vier Lehrerjahre mußte ich politisch aktiv sein und wurde Führerin im BDM (Bund Deutscher Mädchen). Wir machten Ausflüge und nahmen gemeinsam an Lagern teil, wir sangen zusammen und spielten gemeinsam Kasperletheater. Es gab keine Zigaretten und keinen Alkohol.

Hitlers Schlagworte lauteten: *Arbeit, Freiheit, Frieden!*

Mit diesen Worten fing er die Massen ein, die an das glaubten, was er versprochen hatte. Und tatsächlich schaffte er die Arbeitslosigkeit beinahe vollständig ab, dazu dienten ihm die allgemeine Wehrpflicht, die Arbeitsdienstpflicht. Krupp, Thyssen und andere Großindustrielle unterstützten ihn und verdienten Millionen.

Hitlers Motto lautete: »Si vis pacem, para bellum!« – Idiotisch! Er sprach vom Frieden, bereitete aber den Krieg vor.

Wir wurden betrogen; schrecklich betrogen.

Und nun zu Ihrem Problem: den Juden!

Ich kann nicht leugnen, daß Hitler sie vertreiben wollte. Er glaubte, die nordische Rasse – was immer das auch sein mag – sei die beste von allen! Er war einfach stupide und dumm.

Zum erstenmal habe ich Juden in Hamburg in der Nähe der Universität kennengelernt. Einige von ihnen wohnten dort. Ich sah in ihnen normale Einwohner und bis 1936, bis zum Ende meines Studiums, habe ich niemals erlebt, daß jemand ihnen einen Schaden zufügte oder sie beschimpfte. In Bremen gab es nur wenige Juden. Ihnen gehörten große Geschäfte in der Innenstadt, und wir kauften dort unsere Kleidung ein.

Im Sommer 1933 wurden zwei jüdische Psychologieprofessoren in Hamburg durch Deutsche ersetzt. Sie wanderten

74

nach Amerika aus. Die Studenten empfanden das als großen Verlust. Die Kaufleute in Bremen wurden sicherlich auch verdrängt.

Ein gewaltiger Schock war die Kristallnacht am 8./9. November 1938. Als ich am Morgen des 9. Novembers in die Schule ging, sah ich die zerschlagenen Fensterscheiben und SA-Leute, die Plünderungen verhindern sollten, neben den Läden. In meiner Schule, die mitten in der Stadt, recht nahe bei der Synagoge, lag, herrschte ein Chaos! Die Synagoge war in Brand gesteckt worden, und die Juden, die nebenan wohnten, waren in der Nacht davongetrieben worden. Unsere Schüler waren zum Teil durch den Lärm im Schlaf geweckt worden und kamen nun zu spät zur Schule.

Unter meinen Kollegen herrschte ein beträchtliches Maß an Abscheu und Schrecken, und *nicht einer* verteidigte das Geschehene.

Und nun zu den Konzentrationslagern! Ich kenne eines, das im Februar 1933 für politische Gegner eingerichtet wurde, aber es wurde einige Monate später wieder aufgelöst. Ich habe niemals Züge mit Juden gesehen, noch habe ich während des Krieges etwas über Judenlager gehört. Wir wußten, daß viele Juden emigriert waren. Aber mehr nicht! Ich und mit mir, so schätze ich, wohl neunzig Prozent der deutschen Bevölkerung – wir haben bis zum Kriegsende niemals die Namen Sachsenhausen, Dachau, Neuengamme et cetera oder etwas über den Holocaust gehört! Sie haben unrecht, wenn Sie behaupten, man habe die Juden gehaßt, Gleichgültigkeit und Unwissenheit waren dagegen weit verbreitet. – *Der Krieg war ein Verbrechen, und der Holocaust war ebenfalls ein Verbrechen.* Wahrscheinlich haben Sie eher als wir davon erfahren. – Um zum Schluß zu kommen: Ich habe in der Schule Hebräisch gelernt und mein Hebraicum mit summa cum laude bestanden. Zunächst hatte ich die Absicht, Theologie zu studieren!

Wir müssen alles tun, damit die Geschichte sich nicht wiederholt.

Kind regards!
Elly Grewe

Bremen, den 15. September 1996

Dear Mister Goldhagen,

die teils betretene, teils wütende (mehr heimliche als öffentliche) Reaktion auf Ihre Grundthese zeigt, wie bequem man sich in Deutschland mit der Vergangenheit eingerichtet hat, und weil das so ist, war die Folge der Wiedervereinigung weniger die Freude über dieses Jahrhundertglück der Geschichte, sondern ein verstärkter, irrationaler Ausländerhaß. Nur 28 Prozent der Deutschen lehnen die demagogisch gefährliche Parole *Ausländer raus* (vgl. »Juden raus«) rundweg ab.

Wenn Ulrich Herbert in der ZEIT vom 14. Juni in seinem guten Artikel schreibt: »Wie stark verbreitet der Antisemitismus vor 1933 auch immer gewesen sein mag – ob bei 30, 40 oder 50 Prozent der Bevölkerung …«[1], kann ich mich nur wundern! Man müßte auch vor 1933 von einer soliden Zweidrittelmehrheit der Antisemiten sprechen, die sich

---

[1] Ulrich Herbert, »Aus der Mitte der Gesellschaft. Der Zusammenhang zwischen Antisemitismus in Deutschland und dem millionenfachen Mord an den Juden darf nicht wegdiskutiert werden«, in: DIE ZEIT vom 14. 6. 1996, S. 5–6.

leicht auf 80–90 Prozent im Dritten Reich steigern ließ. Die mit jedem Vorurteil verbundene Verlogenheit war jetzt nicht mehr nötig, sie wurde erst nach 1945 wieder lebensnotwendig im wörtlichen Sinn, als so gut wie alle Deutschen ihren Alibi-Juden vorweisen konnten. Niemand war dabei, niemand hat etwas gewußt. Als einer der wenigen Mutigen weist Professor Herbert auf die nationalsozialistischen Unterdrückungsmaßnahmen gegenüber den »Zigeunern«, den Homosexuellen oder den ausländischen Zwangsarbeitern hin. Da kommt man der Sache schon näher, denn *alle* wehrlosen Minderheiten wurden und werden bis heute pauschal von der großen Mehrheit mit einer Konsequenz *pauschal* geächtet, die man leicht beim Thema Homosexualität nachweisen könnte, wäre die Forschung, und d. h. wären die (meist männlichen) Forscher, hier nicht ähnlich verlogen wie hinsichtlich des Antisemitismus. Die Standardausrede, das sei überall so, stimmt nicht, denn in Europa entwickelten sich eben nur diese Zucht- und Ordnungsdeutschen in ihrer perfekten Inhumanität allen *anderen* gegenüber zu einem potentiellen Mördervolk.

Dietmar Loidolt

P. S.: Artikel 20 des Grundgesetzes müßte ergänzt werden: »Die Würde des anderen Menschen ist unantastbar.«

Lübeck, den 25. Juni 1996

Dear Professor Goldhagen,

als deutscher Jude (geboren 1923, emigriert 1939), der heute in Deutschland lebt, habe ich mit großem Interesse Ihre öffentlichen Auftritte im Fernsehen und anderswo verfolgt, bei denen Sie bestimmte Aspekte Ihres Buches verteidigten.

Ich stimme ganz und gar damit überein, daß es nicht nur logisch, sondern auch offensichtlich ist, daß die meisten jener Deutschen, die *aktiv* an der Vertreibung und später an der Ausrottung der Juden teilnahmen, vom Antisemitismus tief durchdrungen waren; sie waren vollkommen überzeugt, einen wertvollen Dienst an ihrer Nation oder eine »Mitzvah« zu leisten.

Andererseits stimmten bei den letzten demokratischen Wahlen in Deutschland im Jahre 1933 ungefähr dreiunddreißig Prozent für Hitler. Wir können wohl hypothetisch einmal annehmen, daß es sich bei diesen dreiunddreißig Prozent um Antisemiten handelte. Für die restlichen sechsundsechzig Prozent gilt dies wahrscheinlich nicht, denn die NSDAP war die politische Gruppierung, wo ihr Antisemitismus eine angemessene Heimat hätte finden können und bereits in den frühen Aktionsprogrammen zum Ausdruck kam. Es ist sehr unwahrscheinlich, daß der Antisemitismus später im Krieg, insbesondere angesichts der Bombenangriffe und der Rückzüge an allen Fronten, weitere Anhänger finden konnte, denn den Durchschnittsdeutschen drückten ganz andere Sorgen, und das Land war ja nun ohnehin mehr oder weniger »judenrein«.

Ich zweifle auch an Ihrer Behauptung, Durchschnittsdeutsche, die nicht direkt zu den Gruppierungen zählten, die mit der Durchführung des Vernichtungsprogramms beauftragt waren, hätten bereitwillig mitgewirkt, wenn sie nur die Gelegenheit dazu erhalten hätten. Ein einschlägiges Beispiel dafür ist der berühmte Herr Schindler. Er war freiwillig in die Partei eingetreten, trug das Parteiabzeichen ohne jedes Schamgefühl und kam mit seinen uniformierten Kumpanen sehr gut aus. Auch hatte er kaum Probleme damit, billige jüdische Arbeitskräfte und andere »Untermenschen« auszubeuten. Er wurde »ein Mensch«, nachdem er die Verhältnisse kennengelernt hatte und mit eigenen Augen sah, was mit diesen Leuten wirklich geschah.

Dennoch: Sie haben sich gut geschlagen und verdienen den ehrlichen Respekt auch derjenigen, die Ihre Ansichten nicht teilen können.

Sincerely yours
Kurt H. Teil

Ettlingen, den 18. September 1996

Dear Professor Goldhagen,

ich habe Ihr Buch gelesen, und ich meine, es wird *das Buch* werden, das einzige Buch, das man lesen muß, um die Dynamik des Holocaust zu verstehen. Indem Sie dieses Buch schrieben, entfernten Sie die Verkrustungen, die fünfzig Jahre des Revisionismus dem Schiff des Todes angelegt haben, das der Holocaust war. Sie stellen die historische Wahrheit fest! Ohne Deutsche kein Holocaust. Deutschland hat sein immenses Prestige, seine Energien dazu eingesetzt, die Vernichtung der Juden nicht nur als wünschenswerten Zustand zu propagieren, sondern Realität werden zu lassen. Dabei hat es sich Methoden bedient, die üblicherweise mit Schädlingsbekämpfung in Verbindung gebracht werden.

Martin Niemöllers oft zitiertes mea culpa, es versäumt zu haben, gegen die Exzesse, die an anderen begangen worden sind, zu protestieren, liefert keinen Hinweis auf seinen Standpunkt zur Judenfrage in der Vorkriegszeit. Ihnen kommt das Verdienst zu, daß zukünftige Generationen ein wahrheitsgetreues Bild erhalten von den Stimmungen und Überzeugungen, die vor dem Krieg in Deutschland herrschten und später den Holocaust für die meisten Deutschen salonfähig machten. Dies stellt eine fundamentale Wahrheit dar, die die Vorwürfe gegen Sie aufhebt, daß Sie implizit behaupten, der Holocaust bringe einen natürlichen Hang des deutschen Volkes zum Ausdruck. Gewiß mußte es nicht so sein. Das deutsche Judentum stellte ein höchst bedauernswertes Element dar. Seine Rate an Mischehen von 32 Prozent vor dem Kriege führte beinahe zu der Dibelius-Lösung der Judenfrage. Doch die Mißhandlung der konvertierten Juden im Kriege zeigte klar, daß der gute alte Dibelius weit finsterere Absichten im Schilde führte.

Nochmals vielen Dank, daß Sie dieses Buch geschrieben haben.

Yours truly
Herman F. Wolf, Dachau, Häftlingsnummer 12082

Syracuse/New York, den 9. September 1996

Dear Professor Goldhagen,

nichts ist falsch an »Hitlers willigen Vollstreckern«, denn Tatsachen können nicht falsch sein. Die »Diskussionen« hier in Deutschland mitzuerleben hat mich geradezu krank gemacht.

Das wirkliche Problem besteht darin, daß Sie sich in einer unmöglichen Lage befinden. Selbst wenn Sie noch tiefer nach den Wurzeln von all dem graben würden, der nächste Pfaffe würde Sie selbst drüben in den USA kreuzigen.

In einem Buch, daß Sie nicht erwähnt haben, hat Professor Friedrich Heer – als Katholik! – darzulegen versucht, worauf alles zurückzuführen ist, nämlich auf fanatischen Glaubenshaß auf die »Christusmörder«, der so alt wie das Christentum ist.

Aus privaten Gründen interessiere ich mich besonders für die getauften Juden Europas und ihr Schicksal. Ein Mitglied meiner Familie verließ vor 1933 Deutschland und ging in die Vereinigten Staaten, um den zu erwartenden Entwicklungen zu entgehen. Ein anderer beging nach 1933 hier Selbstmord, weitere Familienmitglieder fanden Wege, in verborgene Bereiche unterzutauchen, beispielsweise in einen der Geheimdienste, und bis heute ist es besser, darüber zu schweigen. Fast niemand weiß, wie die Kirchen ihre eigene Klientel los wurden: Erstens gab es einen kircheninternen »Arierparagraphen«, und zweitens wurde betont, was immer geschehen möge, sei Rechtens und entspreche der »Heiligen Schrift«, Römer 13/1-7. Dies nannte man Gottes Wort, und niemand ließ oder läßt sich je dadurch beunruhigen. Christliche »Liebe und Barmherzigkeit« erwiesen sich, als es wirklich darauf ankam, erneut als leeres Gerede. Das Christentum stellte seine Unfähigkeit unter Beweis, das »Salz der Erde« hervorzubringen. In meinen Augen gibt es dafür einen einfachen Grund: Nichtjüdische Theologen haben die ursprünglichen jüdischen Wurzeln abgeschnitten. Da ich etwa zehn Jahre auf dem indischen Subkontinent gelebt habe, habe ich an einem anderen Beispiel erfahren, wie die Religion die Menschlichkeit zerstört. Das Kastensystem der Hindus ist nichts anderes als ein religiös »begründeter« Rassismus. Auch dort kommt es zu einer unglaublich dummen und brutalen Behandlung von Außenseitern, wie Sie sie in Ihrem Buch dokumentiert haben. Stets und überall läßt sich Wahnverhalten auf religiöse Ursachen zurückführen. Doch gleichzeitig ist die Religion tabu. Als Kind habe ich die bedauernswerten Häftlinge von Sachsenhausen gesehen, und ich erinnere mich an meine Fassungslosigkeit bei diesem Anblick. Nach dem Kriege, als ich bereits ein des Denkens fähiger Jugendlicher war, gab es in meiner Umgebung einige Deutsche, die Äußerungen taten, die damals für mich seltsam klangen: Es handelte sich dabei um einen »Experten« aus Dora Mittelbau und einen ähnlichen »Fachmann« aus Auschwitz III, die alles miterlebt hatten und nun voller Stolz prahlten: »Den Judenärschen, denen haben wir es aber gegeben.« Seitdem weiß ich: Hätte die Geschichte einen anderen Verlauf genommen, dann würden wir von all dem nichts wissen. Der wichtigste Aspekt meines Lebens besteht darin, daß ich einen von der Kirche tief enttäuschten Berliner kenne, der seinen getauften jüdischen Freunden half, und einer überlebte bis 1945. Ich habe die Beweise dafür kennengelernt, und dieser rechtschaffene Mensch wollte niemals, daß sein Handeln öffentlich bekannt wurde. Hier am Ort lebt eine ähnliche Person, sie sorgte dafür, daß Ihr Buch in der hiesigen Bibliothek zu haben ist.

Schalom
Wolfgang Kruse

Burgkirchen, den 30. Oktober 1996

Sehr geehrter Herr Goldhagen,

leider kann ich nicht die Gnade der späten Geburt für mich in Anspruch nehmen. Im März 1927 geboren, kurz vor dem Ende des Zusammenbruchs in Adolf Hitlers Diensten als Soldat, gehöre ich nach Ihrer Darstellung zu den potentiellen Judenmördern; dazu mein Vater, meine Mutter, mein im Kriege gefallener Bruder, nicht zu vergessen Großeltern, Tanten und Onkel, Nachbarn, Freunde, soweit sie ein Gerät handhaben konnten, um Juden totschlagen oder erschießen zu können.

Für mich absurd, oder habe ich Ihren Text gründlich mißverstanden? Natürlich habe ich auch nach Erklärungen für das Entsetzliche gesucht, allerdings überzeugen mich die Ihrigen keineswegs. Ihrer Darlegung, der Judenhaß verstärkte sich bei uns Deutschen seit dem letzten Jahrhundert mit zunehmender Intensität im Vergleich zu anderen Nationen, kann ich nicht folgen. Sie listen den deutschen Antisemitismus minutiös auf, geben aber nur dürftige Auskunft, was sich zur gleichen Zeit in anderen Ländern abspielte. 1869 wurde das Gesetz des Norddeutschen Bundes zur rechtlichen Gleichstellung der religiösen Bekenntnisse beschlossen: »Insbesondere soll die Befähigung zur Teilnahme an der Gemeinde und Landesvertretung und zur Bekleidung öffentlicher Ämter vom religiösen Bekenntnis unabhängig sein.«[1]

Der Weg der rechtlichen Gleichstellung der jüdischen Staatsbürger vollzog sich in Etappen. Er war mit vielen Mühen und Rückschlägen gepflastert, das ist sicherlich richtig, aber nirgends ist im Vergleich zu anderen europäischen

---

[1] Emanzipationsgesetz des Norddeutschen Bundes vom 3. Juli 1869, zitiert nach: Helmut Berding, Moderner Antisemitismus in Deutschland, Frankfurt/M. 1988, S. 34.

Nationen eine *besondere* Diskriminierung zu beobachten. Um Mißverständnisse zu vermeiden: Es geht nicht darum, eines mit dem anderen aufzurechnen, sondern die außergewöhnliche Judenhetze in Deutschland zu dieser Zeit ziehe ich in Zweifel. Wie konnten sonst Juden nach 1933 aus den höchsten Positionen entfernt werden? Wahr ist die besondere Verfolgung durch das Christentum. Hier wirkt sich die unmittelbare Nähe der beiden Konfessionen negativ aus. Nur ist die christliche Religion keine deutsche Erfindung. Sie hat bei unseren Nachbarn genauso ihre Verbreitung gefunden. Versuche der Versöhnung auch von seiten der Juden, die Strenge des mosaischen Glaubens mit christlicher Gnade zu verschmelzen, scheiterten. Die gravierenden Unterschiede im Gottes- und Geschichtsverständnis bleiben leider weiter bestehen.

Wenig überzeugt eine akribische Auflistung der Parteizugehörigkeit des Polizeibataillons 101, um die Normalität dieser Truppe zu beweisen. Jeder weiß um die Besonderheit der Ordnungspolizei in einer Diktatur und besonders in der Ausnahmesituation des Krieges. Da enthält die Erbsenzählung keine überzeugende Aussage. Auch umgekehrt war nicht jeder Parteigenosse ein potentieller Judenmörder. Immerhin hatte die Bundesrepublik einen PG als Kanzler und sogar einen SA-Mann als Bundespräsidenten.

Ich neige heute eher der Version einer allgemeinen Destruktivität der menschlichen Gesellschaft und namentlich der männlichen zu, die, wenn erst einmal jeder moralische Damm gebrochen ist, offenbar zu unbeschreiblichen Grausamkeiten fähig ist. Nicht nur uralte Zeiten, sondern auch die jüngste Geschichte bieten genügend traurige Beispiele. In diese Reihe gehören die Morde und Abscheulichkeiten im Namen jeglicher Doktrin, ob politisch oder religiös. Eine vollständige Aufzählung würde Seiten verschlingen, und da haben die Judenpogrome ganz gewiß nicht überwiegenden

Anteil. In unserer speziell deutschen Verstrickung sind der verlorene Erste Weltkrieg, damit verbunden der Zusammenbruch überlieferter Wertvorstellungen und Traditionen, insbesondere das Versailler Friedensabkommen, diktiert von Rachsüchtigen, mit den Folgen von Hunger und Hoffnungslosigkeit für Deutschland die Väter der braunen Diktatur mit gezielten Judenpogromen. Hitler und seine Komplizen schöpften aus einem sich steigernden Judenhaß und einer pseudowissenschaftlichen Rassenideologie ihr politisches Gedankengut. Hitler festigte in Wien, durch die Hetzschriften von Lueger und von Schönerer beeinflußt, seine so folgenreiche Meinung. Gerüstet mit diesem verwerflichen Gedankengut, öffnete die braune Mafia alle Schleusen für die niedrigen Instinkte jeglicher Triebtäter. Nur verhältnismäßig wenige waren notwendig, um die Schlächterei auszuführen, Schreibtischtäter in der Mehrzahl haben dafür die Voraussetzungen geschaffen. Nach getaner Arbeit gingen sie zu ihren Familien nach Hause. Überhaupt, ist es nicht sinnvoll, die perverse Arbeit dieser Leute von einer anderen Seite zu betrachten? Ob Polizei oder SS, diese Männer wurden unabkömmlich (uk) gestellt. Die Alternative war der Fronteinsatz mit der Gefahr, umgebracht zu werden, statt selbst umzubringen.

Was haben wir unmittelbaren Zeitzeugen wirklich von den Greueltaten gewußt? Immer wieder wird uns diese Frage gestellt. Gewiß kannten wenige das Ausmaß des Infernos. Auch drehten sich die von Ihnen so genannten Stammtischgespräche, ob in der Kantine oder zu Hause, wenig um die »Judenfrage«. Im ersten Drittel der Hitler-Zeit machte sich Euphorie über die Erfolge breit. Zum Ende des Krieges war die Rettung der eigenen Haut und die der Familienangehörigen der alles beherrschende Gedanke. Juden gab es in Deutschland auch nach Ihren Ausführungen weniger als ein Prozent, deshalb kam der Großteil der Bevölkerung im Normalfall mit ihnen nicht in Berührung. Es zeugt von unglaublichem Mut, wenn Menschen jahrelang jüdische Mitbürger unter drohender Lebensgefahr versteckten, ohne Lebensmittelkarten und andere notwendige Mittel, fünftausend allein in Berlin. [...]

Ihr sehr umstrittenes Buch halte ich für wenig hilfreich zum achtungsvollen Umgang von Juden und Deutschen. Statt den Graben zwischen uns von neuem freizuschaufeln, wäre eine versöhnende Haltung Ihrerseits angebracht. Die Fähigkeit der Vergebung ist mit Aufkommen der christlichen Lehre erst in das Abendland eingetreten. Für den mosaischen Glauben stößt diese weiterhin auf Unverständnis.

Eine abschließende Bemerkung kann ich mir nicht verkneifen: Die Behauptung, alle Soldaten seien potentielle Mörder, ohne ausdrücklichen Verweis auf den Autor Kurt Tucholsky, dürfte unweigerlich einen Strafprozeß in Gang setzen. Dagegen in mehr als tausendfacher Ausführung zu verbreiten, daß alle Deutschen potentielle Judenmörder waren, hat anscheinend keine Auswirkung. Ihre Absolution in diesem Zusammenhang gegenüber meiner jüngeren Generation halte ich nach Ihrer Darlegung für äußerst schwach. Der kurze Prozeß demokratischer Schulung soll die jahrhundertelangen Vorurteile gegenüber den Juden plötzlich in Luft aufgelöst haben? Sind und waren vielleicht ein großer Teil meiner Mitbürger von Hause aus doch nicht so gewalttätige Antisemiten, wie Sie mit Ihrem Buch uns so beredt nahebringen möchten?

Klaus Pallmann

Berlin, den 22. November 1996

Sehr verehrter Herr Professor!

Mit betroffener Aufmerksamkeit haben wir die Rezensionen über Ihr bemerkenswertes Buch gelesen. Ich weiß, welcher Flut von Briefen Sie sicherlich gegenüberstehen.

Daher nur einige Bemerkungen: Betrübt bin ich über den letzten Satz des »Nachwortes zur Goldhagen-Debatte«, das Lew Kopelew glaubt, niederschreiben zu müssen: »Das Buch über die ›willigen Vollstrecker‹ berichtet nichts Neues, sondern versucht mit feuilletonistischer Fertigkeit, die alte NS-Parole: ›Ein Volk, ein Reich, ein Führer‹ aufzufrischen. Damit wird es zu einer üblen Nachrede, die antisemitische und deutschfeindliche Emotionen beleben kann.«[1]

Die Absurdität dieses Gedankengangs ist vor allem bedauerlich, weil wir es aus dem Munde von Lew Kopelew hören.

Was ich zu sagen habe: Bewundernswert ist Ihre Arbeit, besonders die Akribie, mit welcher Sie die erschütternden Fakten gesammelt und einem Millionenpublikum vorgelegt haben.

Und wenn ich auch aus eigener Erfahrung (Jude, in Wiesbaden geboren, fünf Jahre, 1933 bis 1938, das Hitler-Regime erlebt und noch im Jahre 1938, drei Jahre nach den Nürnberger Gesetzen, das Abitur am Oranien-Gymnasium zu Wiesbaden abgelegt) detailliert über den Antisemitismus in dem allerdings sehr kleinen Wiesbadener Umfeld berichten kann – ein Antisemitismus, der niemals die Verbrechen in den Jahren 1938 bis 1945 nur hätte erahnen lassen können – so muß ich dennoch sagen: Ihr Buch, lieber, verehrter Herr Goldhagen, war, sowohl was den Umfang der Darstel-

---

[1] Lew Kopelew, »Im Widerspruch zur Geschichte. Daniel Goldhagen versteht die Situation von Menschen in Diktaturen nicht«, in: DIE ZEIT vom 2. 9. 1996, S. 8.

lung als auch den gewählten Zeitpunkt der Veröffentlichung angeht, eine großartige *Not-Wendigkeit*.

Keinesfalls, wie Kopelew in beschämender Weise formuliert!

Daß Sie die Kollektivschuldthese vehement ablehnen und ablehnen müssen, liegt auf der Hand, fußt doch sowohl der Antijudaismus als auch der Antisemitismus seit nahezu 2000 Jahren auf Kollektivschuldphantasien.

Angesichts der unsagbaren Verbrechen ist es nicht einmal angebracht, sich in Zahlenspielen über die Anzahl der Mitwisser und Beteiligten zu verlieren. (Franz Josef Strauß sprach leichtfertig von 50 000 Involvierten.)

Wenn Theodor Heuss erklärte: »Wenn nicht Kollektivschuld, dann ist Kollektivscham angebracht«, so erkennen wir das Brüchige der gegen Sie vorgebrachten Argumente.

Aber eines muß mit aller Klarheit gesagt werden: Die wahren Ursachen des Antijudaismus und des Antisemitismus liegen in der systematischen Diffamierung und Diskriminierung durch die katholische Kirche – aber auch später dann durch Luther –, die im übrigen bis heute, selbst nach dem zweiten Vatikanischen Konzil, anhält. (Ich habe mir ein katholisches Religionsbuch für Zehn- bis Zwölfjährige kommen lassen und bin entsetzt über latent antisemitische Darstellungen im Jahre 1996.)

Wir erwarten mit Interesse Ihre nächsten Publikationen.

Mit Dank, herzlichen Grüßen und allen guten Wünschen
Ihr *Gerd Schmidt**

Wien, den 29. Oktober 1996

88

Dear Professor Goldhagen,

ich war bei der gestrigen Diskussion Ihres Buches in Aschaffenburg dabei. Obwohl ich vermute, daß Sie in diesen Tagen von Post förmlich überschwemmt werden, möchte ich Ihnen trotzdem einige Zeilen zukommen lassen, wenn auch aus keinem anderen Anlaß, als Sie zu ermutigen, Ihren eigenen Weg weiterzugehen.

Zwar kann ich nicht wirklich beurteilen, ob Sie Ihre Schlüsse aus einer angemessen repräsentativen Auswahl und Gewichtung des Quellenmaterials gezogen haben, ich vermute aber, daß Ihnen dies gelungen ist.

Falls dem so ist, kann ich nur schwer verstehen, warum es diesen beträchtlichen Widerspruch in den Medien gibt. Besonders konzentrieren sich die Historiker anscheinend auf Ihre These, daß der Antisemitismus in Deutschland schon vor Hitler weit verbreitet war. Ohne diesen, so glaube ich, hätte sogar sein totalitäres Regime nicht die zahlreichen Schritte einleiten können, die zur Vernichtung der europäischen Juden führten, schon gar nicht ihre brutale Realisierung. Ohne Antisemitismus gibt es keine Erklärung für das bei den Tätern vorhandene Gefühl, lediglich eine Tat zu vollbringen, keine Erklärung für die Leichtigkeit, mit der sich das Töten in ein gesellschaftlich »normales« Leben einzufügen schien. Man kann die Gewissenlosigkeit und die Kaltblütigkeit gegenüber einem wehrlosen Volk nicht fassen und die bedingungslose Ausführung des Völkermords bis zum Ende des Krieges (und dabei dann sogar gegen die Befehle Himmlers) nicht begreifen – als die militärische Niederlage klar war und man auch von den ideologisch Verbrämtesten hätte erwarten können, lieber ihre eigenen Überlebenschancen zu verbessern. Schließlich gibt es auch keine Erklärung für die völlig irrationale Vergeudung von Arbeitskräften, die im »totalen Krieg« wertvoll gewesen wären.

Warum soviel Kritik, wenn Ihr Ansatz wenigstens einen leichten Schimmer zur Erklärung beiträgt, wie sich der Holocaust in Deutschland ereignen konnte. Ohne diesen kleinen Lichtstrahl bleibt alles andere völlig unerklärlich, und es wird, auch für die folgenden Generationen meiner Landsleute schwierig bleiben, mit dieser Bürde zu leben.

In Ihrem Sinne muß weitere Forschung betrieben werden. Wenn Ihr Buch es schaffen sollte, einen solchen Anstoß zu geben, wäre schon viel gewonnen. Es ist höchste Zeit dafür, und es ist schade, daß Ihre Arbeit nicht zu einer Zeit erschien, als noch mehr Zeitzeugen am Leben waren.

With best regards,
sincerely
Hans Fuchs

Schweinfurt, den 9. September 1996

Dear Professor Goldhagen,

Ihr jüngst erschienenes Buch über »Hitler's Willing Executioners« gibt zu schweren Zweifeln an der »Auswahl« Ihrer Quellen Anlaß.

Wenn, wie Sie zum Ausdruck bringen wollen, die Mehrheit des deutschen Volkes instinktiv von einem unvergleichlichen Antisemitismus durchdrungen war, der Hitler an die Macht brachte, um diesem Antisemitismus zu dienen, warum nahm dann diese Mehrheit nicht aktiv Anteil an den massiven Ausschreitungen von 1938, bei denen von den SA-Banditen Synagogen in Brand gesteckt wurden?

Die Erklärung ist leicht in den Tagebüchern von Professor Victor Klemperer[1], dem Vetter des berühmten Dirigenten Otto Klemperer, zu finden, die die Jahre von 1933 bis 1945 beleuchten. Als ein Jude, der unter den Grausamkeiten der Gestapo und anderer Nationalsozialisten zu leiden hatte, war Klemperer in gewisser Weise privilegiert, weil er mit einer »arischen« Frau verheiratet war und Kriegsauszeichnungen aus dem Ersten Weltkrieg besaß. Diese Tagebücher stehen in tiefem Gegensatz zu Ihrer Ansicht über die durchwegs antisemitischen Deutschen.

Er war überzeugt, daß die Mehrheit der Deutschen keine Antisemiten waren, denn fast täglich erlebte er Hilfe, Ermutigung von seiten der nichtjüdischen Bevölkerung, doch hatte die Entwicklung des Untertanengehorsams sie zu Feiglingen gemacht, die aus Angst vor schwerer Strafe oder dem Tod nicht zu handeln wagten. Die deutschen Juden verhielten sich in gleicher Weise wie Untertanen des Staates. Deshalb marschierten sie in die Konzentrationslager, ohne irgendeinen Widerstand zu organisieren. Die effiziente politische Organisation der SS, der SA, der Polizei und der Wehrmacht bedeuteten für jeden Widerstand den Tod, was der gescheiterte Attentatsversuch von Wehrmachtsangehörigen im Jahre 1944 beweist.

Ich muß darauf hinweisen, daß die Tagebücher von Victor Klemperer sehr beeindruckend und informativ sind, und man sollte sie stets berücksichtigen, wenn man die Rolle klären will, die das deutsche Volk während des »Holocaust« gespielt hat.

Dr. Bruno Westbunk

Lüneburg, den 22. August 1996

---

[1]   Victor Klemperer, Ich will Zeugnis ablegen bis zum letzten. Tagebücher 1933–1945, Berlin 1995.

Lieber Herr Goldhagen,

[...] Es ist kein leeres Kompliment, wenn ich Ihnen sage, daß ich in Ihrem Buch den Anfang für ein vertieftes und richtigeres Verständnis des Holocaust sehe. Was mich vor allem zu diesem Brief veranlaßt, sind die sauersüßen Besprechungen, die Ihr Werk, zumindest im deutschsprachigen Raum, erfährt. Ich hoffe, die deutsche Übersetzung Ihres Werkes wird den Kritikern die allzu leichte oberflächliche Behandlung Ihrer Thesen erschweren.

Auch wenn ich die in den Kritiken zum Ausdruck kommenden Gefühle nicht teile, so ist doch ein gewisses Verständnis für jene Leute aufzubringen, die nun seit Jahrzehnten mit dem unerklärlichen Ereignis Holocaust ringen, schließlich einen persönlichen Kompromiß gefunden haben, der ihnen erlaubt, den (letztlich vielleicht auf Martin Buber zurückgehenden) Dialog mit den heutigen Deutschen zu führen, indem sie eben von den »Bösen« (z. B. der SS, den PGs oder den Sadisten) sprechen und nicht von »den Deutschen«. Damit übrigens brauchen sich diese Leute nicht mit der Frage zu befassen, ob nur das deutsche Volk oder vielleicht alle Menschen für Genozidhandlungen großen Ausmaßes anfällig sein könnten. Dies ist in meiner Sicht wahrscheinlich die wichtigste Frage.

Darf ich im folgenden zwei Gedanken vortragen, die geeignet sein könnten, Ihre Argumentation zu verstärken? Meines Erachtens hatte die rassistische Begründung des Antisemitismus eine außerordentlich wichtige Rückwirkung auf die vorbestehende religiöse Begründung. Ein Anhänger der letzteren fühlt sich und sein Gewissen beruhigt, wenn er von den sogenannten Naturwissenschaftlern erfährt, daß die Juden einer minderwertigen Rasse angehören. Wenn die Naturwissenschaftler dies behaupten, so ist der Unterschied zwischen ihm und den Juden offenbar ein gottgewollter, und damit sind seine eigenen antisemitischen Handlungen sanktioniert.

Eine weitere Fährte, die eventuell geeignet sein könnte, Ihre Thesen weiter zu stützen, möchte ich hier kurz erwähnen. Ich hatte mich kursorisch mit der deutschen Kolonialgeschichte im ehemaligen Deutsch-Ostafrika, dem heutigen Tansania befaßt. […] Mein oberflächlicher Eindruck ist, daß die deutsche Kolonialgeschichte im Vergleich zu jener gewiß nicht zimperlichen anderer Kolonialmächte um mehrere Grade grausamer war und deshalb wohl auch von noch kürzerer Dauer. Das Verhalten der Deutschen in ihren Kolonien wirkt auf mich wie eine Generalprobe zum Holocaust: Man ging auf Jagd auf die »Neger«, um ihre Schädelschalen als Trophäe oder Aschenbecher zu erbeuten. Was besonders auffällt, ist die Beteiligung der Wissenschaft, nicht nur der damaligen Ethnologen, die die Begründungen lieferten. Deren Schüler wurden dann die Rassentheoretiker des Dritten Reiches und deren Schüler dann die Mengeles und die heutigen Humaneugeniker. Ich könnte mir vorstellen, daß, wenn man diesem Aspekt genauer nachginge, Ihre These neben der christlichen und der rassentheoretischen noch eine weitere Wurzel bekommen könnte, denn mit monokausalen Erklärungen laufen wir ja immer in die Falle.

Ich hoffe, diese wenigen Bemerkungen werden von Ihnen als positives Echo entgegengenommen, denn so sind sie gemeint.

Mit freundlichen Grüßen
Ihr *Vincent C. Frank-Steiner*

Basel, den 24. Mai 1996

Sehr geehrter Herr Professor Goldhagen,

wir sind Slowaken-Emigranten und leben seit dreißig Jahren in Deutschland. Mit großem Interesse haben wir Ihr Buch »Hitlers willige Vollstrecker« – auch schon in englischer Version – gelesen.

Bei unseren Reisen in die Slowakei verfolgen wir mit Beunruhigung die Aktivierung der dortigen neofaschistischen Kräfte. Unterstützt werden sie von ehemaligen faschistischen Funktionären, die nach dem Krieg emigriert sind. Heute versuchen sie mit Halbwahrheiten und Lügen, die junge Generation irrezuführen. Sie verherrlichen den Satellitenstaat in den Jahren 1939 bis 1945 und besonders den damaligen Präsidenten Jozef Tiso. Alljährlich wird zu diesem Zweck nach Altötting, Deutschland, eine Pilgerfahrt organisiert, in den Ort, wo Tiso von den Amerikanern verhaftet, der ČSR ausgeliefert, später verurteilt und hingerichtet wurde.

Mit einigen Freunden versuchen wir, diesen Kräften entgegenzuwirken, durch Artikel, Broschüren, Vorträge usw.

Mit gewissem Staunen haben wir in Ihrem Buch (S. 456) die mehr oder weniger positive Äußerung über die Slowaken gelesen, aber kein Wort darüber, daß die Slowaken die ersten waren, die strenge antijüdische Rassengesetze schon am 9. September 1941 in Kraft treten ließen und als einzige in Europa am 21. Mai 1942 die Aussiedlung der Juden gesetzlich im Parlament beschlossen hatten, woraufhin über 57 000 slowakische Juden in den Tod geschickt wurden. Die Juden wurden in Güterwaggons hineingepfercht, ohne Nahrung und Wasser, oft geschlagen von Angehörigen der slowakischen Hlinka-Garde. Die Slowaken zahlten sogar für jeden ausgesiedelten Juden an das Deutsche Reich 500 RM! Die Neofaschisten freuen sich jetzt darüber, daß sie von Ihnen in Ihrem Buch so positiv beurteilt werden.

94

Wir bitten um Verzeihung, daß wir Sie belästigt haben, aber wir hielten es für nötig, Ihnen diese Anmerkung zu Ihrem Buch zu schreiben.

Wir danken für Ihr Verständnis und verbleiben
mit freundlichen Grüßen
Milan Buroš
Karl Gronsky

Baldham, den 6. Oktober 1996

Sehr geehrter Herr Goldhagen,

mit Interesse habe ich Ihr Buch gelesen. Es fällt dabei auf, daß Sie einer Ideologie, nämlich dem Antisemitismus, fast eine alleinige Rolle in dem barbarischen Verhalten der Angehörigen der darin beschriebenen Polizeieinheiten usw. zuschreiben.

Ich hatte in einem früheren Schreiben schon auf die seelischen Mechanismen bei der Jagd und einem gemeinsamen und öffentlichen Verhalten hingewiesen.

Tatsächlich hat mich das Verhalten dieser »gewöhnlichen« Menschen bei den Hetzjagden auf versteckte und verstreute jüdische Männer am meisten bewegt, genau wie bei dem Massaker in Białystok die Freude am Feuer.

Nun ist dieser Tage das Buch eines Diplomsoziologen herausgekommen. Es trägt den Titel »Traktat über die Gewalt«[1] und schildert genauso drastisch wie Ihr Buch die Wirkung diverser Gewaltmethoden [...] auf die Täter.

---

[1] Wolfgang Sofsky, Traktat über die Gewalt, Frankfurt/M. 1996.

Auffällig dabei ist, daß die Gewalt am Ende einen Akt der restlosen Befreiung und der Gleichheit darstellt, die dem zivilisierten Menschen einen ungewöhnlichen Ausweg aus dem Druck der Situation ermöglicht. Ja, das Buch geht sogar so weit, daß es in der Gewaltanwendung sogar eine Möglichkeit der Identitätsfindung nach dem Motto »Ich zerstöre, darum bin ich« sieht. Und das bei bestimmten Menschengruppen, die mit Ideologie und anderen verstandesmäßigen Einbindungsversuchen einfach nicht mehr zu erreichen sind.

Die barbarische Gewalt ist also ein Bereich für sich, der allgemein menschlich und unterschwellig vorhanden ist.

Zu dem Buch »Traktat über die Gewalt« von Wolfgang Sofsky paßt auch Ihre Feststellung, daß die soziologische Zusammensetzung der von Ihnen genannten Tätergruppen eben unheimlich normal gewesen sei.

Denn in den Truppenteilen fanden Sie keine Künstler oder ähnliche Gruppen, die aber in der Zivilisation immer eine Sonderrolle spielen, die meist darin besteht, daß sie Ihr Leben weit mehr in der Zivilisation ausleben, ja, von der Abstreifung des Zivilisationsdrucks her gesehen, sie eigentlich am meisten nutzen können. Und das kann der »normale« Mensch meistens nicht, er ist doch mehr ein »Rädchen im Getriebe«. So ist der »normale« Mensch durch die Gewalt und ihre Auswirkung erheblich mehr gefährdet als die herausgehobenen Gruppen. [...]

Die Gewaltexzesse haben vermutlich noch einen anderen Grund: Es war die Tatsache, daß die Opfer allesamt »vogelfrei« waren. Darin sieht ja auch Hannah Arendt den Hauptgrund für die schrankenlosen Verbrechen im Dritten Reich. Die Juden waren ja vorher rechtlos gemacht worden. In Bosnien können Sie dieselbe Schrankenlosigkeit sehen, die ja normale Menschen befiel. Bis hin zu körperlicher Verstümmelung bereits toter Feinde, wie sie in uralten Zeiten üblich war. Und zur schrankenlosen Ausweitung der Gewalt gehört die völlige Hilflosigkeit der Opfer.

Eines möchte ich noch anmerken: Sie vermuten in Ihrem Buch die Gewalttätigkeit eher bei Soldaten, weil sie angeblich »zum Töten ausgebildet seien«. Es ist genau umgekehrt. Der Reservist und Milizionär ist viel anfälliger für die völlige Enthemmung, weil er die militärische Disziplin nicht in sich aufgesogen hat wie der richtig ausgebildete Soldat. Aber Sie sind vermutlich nie Soldat gewesen. In Bosnien waren es jedenfalls die Milizionäre des serbischen »Schwarzen Adlers«, die bei Vukovar die ersten Verbrechen begingen.

So sollten Sie Ihre These von der Alleinwirkung einer Ideologie einmal überprüfen. Genau wie Ihre gute Meinung von Ihnen selber, daß Sie nie bereit gewesen wären, schrankenlos zu handeln. Es war doch ein frommer Rabbiner, der in Hebron das Massaker anrichtete und in der Auswirkung den gesamten Friedensprozeß ins Stocken brachte. Israel wird darum seine »normalen« Siedler alle entwaffnen müssen, will es einigermaßen das Heft in der Hand behalten.

Mit freundlichem Gruß!
Eberhard Hechenleitner

Elmshorn, den 31. Oktober 1996

Lieber Danny,

[...] Schade, daß in München am Schluß so wenig Zeit blieb. Ich hätte gern noch ein paar Worte gewechselt. Vor allem bin ich nicht mehr losgeworden, wie sehr mich »Hitlers willige Vollstrecker« angerührt hat. Das möchte ich, wenn Du es gestattest, brieflich nachholen. Dazu sind ein paar biographische Eckpunkte unerläßlich:

Mein Vater, Jahrgang 1911, war Mitglied des »Stahlhelms« und wurde Anfang der 30er Jahre Berufssoldat; andere Arbeit war schwer zu kriegen. Ob er vor oder nach 1933 der NSDAP beigetreten ist, habe ich nie in Erfahrung gebracht, und ihn selbst zu fragen ist inzwischen nicht mehr möglich. Aber gleichgültig ob Parteigenosse oder nicht: Ein überzeugter Anhänger Hitlers und seiner Politik war mein Vater allemal, auch was den Haß auf »die Juden« anbelangt. Daran hat auch der Mai 1945 nichts Grundlegendes ändern können. Beim Wiederaufbau der Bundeswehr hat er sich beworben, um seinen vormaligen Beruf in neuer Uniform wiederaufzunehmen. Die ihm vorgelegte formale Distanzierungserklärung von der NS-Herrschaft und den damit verbundenen Verbrechen hat er allerdings nie unterzeichnet, so daß Teil II der soldatischen Karriere ausfiel. Bis zu seinem Lebensende 1993 lag auf dem Wohnzimmertisch in meinem Elternhaus die Deutsche Nationalzeitung, ein rechtsradikales Wochenblatt, in dem man beispielsweise auch die von meinem Vater immer mal wieder vertretene Behauptung finden konnte, den millionenfachen Judenmord habe es in Wahrheit gar nicht gegeben; er sei schlicht eine Erfindung der Alliierten.

Der Vater meiner Mutter, Jahrgang 1899, wurde am Rande des Ruhrgebiets groß. Er war Werkzeugmacher, gehörte also zum gehobenen Teil der Arbeiterschaft. Schon sein Vater war fest im sozialdemokratischen Milieu verankert, angefangen bei der Parteizugehörigkeit über Sport- und Kaninchenzüchterverein bis zur sozialdemokratischen Konsumgenossenschaft. Mein Großvater trat Ende der 20er Jahre dem Reichsbanner Schwarz-Rot-Gold bei und wandte sich schon damals gegen die Nationalsozialisten. 1933 oder 1934 wurde er – als im öffentlichen Dienst be- schäftigter Arbeiter – unter Hinweis auf das Gesetz bezüg- lich des Berufsbeamtentums entlassen. Seinen Widerstand gegen den Nationalsozialismus setzte er fort und fand sich zeitweise im Gefängnis wieder. Seine Frau starb anläßlich ei- ner Hausdurchsuchung an einem Herzinfarkt. Irgendwie schaffte er es, die braune Diktatur zu überstehen. Danach brauchte er Jahre und diverse Gerichtsinstanzen, um Ent- schädigungszahlungen als Nazi-Verfolgter zu erhalten.

Gegen die Heirat seiner Tochter mit meinem Vater hat er vergeblich opponiert. Nachdem das erste Ungemach verflo- gen war, besuchte mein Großvater uns, die Familie seiner Tochter, häufig. Politik war im Verlauf solcher Visiten, etwa bei den abendlichen Unterhaltungen, ganz selbstverständ- lich ein Thema, wenn auch mein Vater und mein Großvater völlig kontroverse Vorstellungen und Meinungen vertraten. Beide gemeinsam Tagesschau sehen zu lassen war schlech- terdings nur um den Preis einer nachhaltigen Störung des Familienfriedens möglich.

Unter diesen Bedingungen habe ich versucht, mich der Politik zu nähern. Mein Vater, der aus den zwölf deutschen Jahren nicht sehr viel gelernt hatte, konnte nicht meine poli- tische Bezugsperson werden. Sehr wohl aber mein Großva- ter, ein Demokrat mit sehr ausgeprägten Vorstellungen hin- sichtlich sozialer Verteilungsgerechtigkeit, ein Widerständ- ler. Ihm gebührte meine politische Sympathie.

Sonderlich leicht war meine »Politisierung« sicherlich für keinen der Beteiligten. Meine Eltern mußten selbst mit ge- sellschaftlichen Umbrüchen – Ende der 60er Jahre! – fertig werden, mit denen sie zum Teil durch ihre Kinder konfrontiert wurden: neue Musik, neues Outfit, laxere Umgangsformen, ganz früh eine Freundin …

Ich konnte, wollte mich nicht vollständig von meinem Vater lossagen, um meiner Mutter willen, aber auch, weil er sich krumm arbeitete, um – trotz ausgeprägter Abneigung gegen Intellektuelle – seinen Kindern eine höhere Schulbildung zukommen zu lassen. Mein Vater blieb immer mein Vater. Nur politische Leitfigur konnte er für mich nicht sein, höchstens im negativen Sinne. Ganz anders mein Großvater.

In einer solchen Konstellation bin ich aufgewachsen, und mit ihr mehr oder weniger klargekommen. Mit einer Ausnahme. Mein Vater und mein Großvater stritten sich regelmäßig. Nur in einem Punkt waren sie sich einig: in einer ganz tiefen Ablehnung gegen »die Juden«.

Mich hat das maßlos irritiert: Von meinem Vater erwartete ich nichts anderes, kannte das alles, aber von meinem Großvater … Meine Irritationen habe ich damals schlicht verdrängt. Der Judenhaß durfte nicht sein, weil er mit dem Bild meines Großvaters so gar nicht zusammenpaßte. Es fiel mir offenbar zu schwer, allein Erklärungen und einen Ausweg zu suchen, und Gesprächspartner gab es keine, jedenfalls nicht in meinem Umfeld.

Vor diesem Hintergrund hat mich »Hitlers willige Vollstrecker« angerührt, lieferte es – jedenfalls für mich – eine nachträgliche Erklärung für lange Jahre Unverstandenes und deshalb der gedanklichen Beschäftigung vorsätzlich Entzogenes. Deshalb: Danke. […]

Beste Grüße
Arthur Heinrich

Bonn, den 1. Oktober 1996

100

Dear Mr. Goldhagen,

es war nicht einfach, Ihr Buch »Hitler's Willing Executioners« über die Deutschen und die Juden zu bekommen. Ich versuchte es zuerst in Kopenhagen und dann in Brüssel und schließlich – mit Erfolg – letzten Monat in London. Sie haben für Ihre Arbeit so viel Lob erhalten, daß ich das meinige nicht hinzufügen muß. Lassen Sie mich nur zum Ausdruck bringen, daß es das beste Werk über diese unbegreifliche Phase in der Geschichte des deutschen Volkes ist, das ich bis jetzt gelesen habe – und ich habe eine Menge Bücher über dieses Thema gelesen. Daneben habe ich nur bedauert, daß Sie dies nicht schon vor zwanzig Jahren schreiben konnten (aber wie ich aus Ihrem Photo schließe, müssen Sie damals etwa zehn Jahre alt gewesen sein), denn so viele der Täter leben inzwischen nicht mehr – und gerade sie hätten vor allen anderen Leuten diese Darstellung der dunkelsten Phase der europäischen Geschichte lesen sollen.

Es ist mir klar, daß es sich hier um ein wissenschaftliches Werk, um eine Dissertation handelt und Sie sich daher an einige strenge Regeln zu halten hatten, aber ich verstehe nicht ganz, warum Sie die grausamen medizinischen Experimente nicht erwähnen, die deutsche Ärzte an ihren jüdischen Gefangenen vornahmen. Ich habe auch feststellen können, daß Sie die Beteiligung der Wehrmacht an den Morden an den Juden nur so ganz nebenbei erwähnen. Ich verstehe allerdings, daß Ihr Werk, nüchtern betrachtet (wegen seiner Länge), unlesbar geworden wäre, wenn auch die zahlreichen Grausamkeiten, die gewöhnliche Soldaten und Offiziere begingen, genauso in allen Einzelheiten betrachtet worden wären, wie es in Ihren Kapiteln über die Polizeibataillone geschieht.

Doch ist all dies nicht der Grund, warum ich Ihnen schreibe. Dies geschieht vielmehr, weil ich auf Seite 241 eine

Datumsangabe finde, die nicht stimmen kann. Dort heißt es: »Im Mai 1943 wurde das Polizeibataillon 65 nach Kopenhagen verlegt, damit es auch dort Juden zusammentreibe, deportiere und ihre Flucht verhindere.« Dies geschah jedoch in Wirklichkeit Anfang *Oktober* 1943. Normalerweise würde ein einzelnes falsches Datum nicht viel bedeuten, und ich muß es hier nur aus dem Grund erwähnen, weil es sich dabei wohl um eine der größten Stunden in der Geschichte des dänischen Volkes handelt, denn in jenen Tagen (am 2. und 3. Oktober) retteten die Dänen Ihre jüdischen Mitbürger. Diese Tatsache erwähnen Sie ja freundlicherweise mehrfach in Ihrem Buch.

Dabei handelt es sich um eine höchst seltsame Geschichte, und über diese Thematik sind einige Bücher geschrieben worden. Für mich besteht kein Zweifel daran, daß die Deutschen mindestens siebzig bis achtzig Prozent der dänischen Juden hätten fangen können, hätte es sich beim Reichsbevollmächtigten Dr. Werner Best nicht um eine gespaltene Persönlichkeit gehandelt. In der einen Woche telegraphierte dieser Mann an Hitler und bat um das Startzeichen für die Jagd auf die dänischen Juden. In der nächsten Woche erzählte er dann seinem Schiffahrtsattaché Georg Duckwitz, von dem er wußte, daß er enge Beziehungen zu den Führern der dänischen Sozialdemokratie hatte, was bevorstand (woraufhin Duckwitz seine sozialdemokratischen Freunde informierte). Und genau deshalb konnten so viele Juden rechtzeitig gewarnt und daher gerettet werden; hinzu kam natürlich, daß die schwedische Küste nur anderthalb Stunden weit entfernt lag. Hätte es etwa für Holland ein ähnliches Schweden in unmittelbarer Nachbarschaft gegeben, dann hätten meiner Ansicht nach auch die holländischen Juden überlebt.

Bei Ihrer Erwähnung des Polizeibataillons 65 finde ich einen weiteren Punkt nicht korrekt. Soweit ich mich erinnere (ich war dabei, wurde verhaftet und war vierzehn Tage in Haft, aber das ist eine andere Geschichte), hatte man *österreichische* Grenzpolizei dieser Aufgabe wegen nach Dänemark geschickt, aber hier mag ich im Unrecht sein. (Zu Ihrer Information: Ich war 1943 zweiundzwanzig Jahre alt, Sohn einer jüdischen Mutter und ein junger Journalist bei einem kleinen Provinzblättchen nördlich von Kopenhagen; und daher war ich in einer idealen Position, um den Juden aus Kopenhagen zu helfen, Orte an der Küste zu erreichen, von wo aus sich der Transport nach Schweden arrangieren ließ. Heute lebe ich in Belgien, wo ich vor zehn Jahren als Mitarbeiter der politischen Abteilung des NATO-Sekretariats hier in Brüssel in den Ruhestand ging.)

Nochmals vielen Dank, daß Sie dieses wichtige Buch geschrieben haben. Ich hoffe, Sie können es gelegentlich zu einem »lesbareren« Buch straffen, damit noch mehr Leute lernen können, was wirklich in Deutschland geschah, und damit sie dann verstehen, wie wichtig es ist, Deutschland in der europäischen Familie zu haben. Dies ist wohl der beste Weg, um zu vermeiden, daß der Antisemitismus je wieder sein häßliches Haupt erhebt.

Yours sincerely
Jørgen Benzon

Kraainem/Belgien, den 16. Dezember 1996

Dear Professor Goldhagen,

meinen herzlichen Glückwunsch zu Ihrem glänzenden Buch. Man hat allzu selten Gelegenheit, einen Mann, insbesondere einen Gelehrten, zu hören, der bereit ist, die einfache Wahrheit auszusprechen, daß es die in ihrer kulturellen und historischen Wirklichkeit tief verwurzelten Deutschen und nicht irgendwelche mythischen Nationalsozialisten oder Anhänger des Totalitarismus waren, die den Mord an den europäischen Juden mit fanatischem Eifer ersannen, planten und durchführten. Damit erreichten sie die beinahe totale Vernichtung des drei Millionen Menschen umfassenden, achthundert Jahre alten polnischen Judentums.

Die Massentötungen waren gnadenlos; einzelne Menschen wurden oftmals unter Beteiligung vieler Leute gejagt; die Morde gingen, auf Kosten des militärischen Potentials, bis zum Kriegsende weiter.

Lassen Sie mich eine Geschichte berichten, die ich, ob sie nun wahr oder falsch ist, als Kind von meinen Eltern gehört habe. Nach der Vernichtung des Warschauer Ghettos zog eine große Anzahl sehr hungriger und verlassener Juden ziellos durch die Straßen Warschaus. Ein Judenmädchen geriet mitten auf einer belebten Straße in die Hände einer gemischten deutsch-polnischen Polizeistreife. Der Deutsche hob sein Gewehr, um das Kind zu erschießen, zögerte dann aber eine Augenblick lang. In diesem Moment bremste kreischend ein Auto, und ein junger deutscher Zivilist sprang heraus. Wütend riß er dem Polizisten das Gewehr aus den Händen und erschoß das Kind. Er tat dies vorsätzlich und in aller Öffentlichkeit und, wie Sie es beschrieben haben, mit der Ungeniertheit eines Menschen, der eine vollkommen selbstverständliche Aufgabe erledigt.

Ich habe diese Schrecknisse nicht miterlebt; aber mein Vater war dabei, und er war der Ansicht, der Wunsch nach einem Blutbad – um jeden Preis und im größtmöglichen Umfang – sei ein zentraler Wesenszug des deutschen Charakters. Weiter war er der Überzeugung, daß Deutschland den Krieg ausgelöst habe, um dieses Blutbad zu ermöglichen.

Er hätte mit Ihnen dahin gehend übereingestimmt, daß die Juden eine zentrale Stellung in der rassischen Dämonologie der Deutschen einnahmen, und um die Hauptstoßrichtung Ihrer Analyse der zentralen Rolle des eliminatorischen Antisemitismus zu verstärken, hätte er hinzugefügt, daß der Mord an den Juden das Hauptziel des Krieges darstellte.

Aber er hätte auch versucht, Sie davon zu überzeugen, daß die Deutschen nach der Vernichtung all ihrer jüdischen Opfer eine andere rassisch definierte Gruppe gefunden hätten, die dann derselben schrecklichen Behandlung unterzogen worden wäre. Und seiner Ansicht nach wären es dann die Polen gewesen. Der Abschnitt Ihres Buches, in dem Sie sagen, das System der Vernichtungslager (in das Sie zu Recht auch die sogenannten Arbeitslager und die Ghettos einbeziehen) habe das wahre Paradigma der nationalsozialistischen Weltsicht dargestellt, unterstützt in gewisser Weise diese Hypothese.

Seiner Ansicht nach war es ebenso offensichtlich, daß andere Mörder wie die Ukrainer, Litauer und Letten im Gegensatz zu den Deutschen aus Opportunismus töteten; bei ihnen fehlte das alles überragende Motiv, den Massenmord als Mittel zur Neugestaltung der Landkarte Europas auf rassischer Basis einzusetzen. Dieses Motiv und die unglaubliche, durchgängige Grausamkeit der Deutschen gegenüber ihren jüdischen Opfern waren ganz und gar deutsch, und zumindest aus diesem Grunde, muß man den Holocaust als ein in einzigartiger Weise deutsches Phänomen ansehen.

Wenn man in diesem Punkt übereinstimmt, was angesichts des umfassenden Beweismaterials naheliegt, dann würde man sich ins Reich des Absurden begeben müssen, wollte man behaupten, die Ursachen seien woanders zu suchen als in der deutschen Seele, Geschichte und Kultur jener Zeit. Ich bin ganz und gar überzeugt: Falls es Ihrem Buch gelingt, auch nur diesen Punkt eindeutig zu klären, dann haben Sie mehr als genug erreicht.

Yours sincerely
J. Poznanski, PhD

Stamford/Lincolnshire, den 23. April 1996

IV.

»Eine Stellungnahme,
die ich meinen toten Freunden schulde«

Widerstand und Verweigerung

Dear Professor Goldhagen,

nachdem ich Ihr Buch »Hitler's Willing Executioners« gelesen habe, fühle ich mich verpflichtet, für jene vielen Menschen aus allen Bereichen der deutschen Gesellschaft einzutreten, die kennenzulernen ich die Ehre hatte und die niemals willige Vollstrecker für Hitler geworden sind; diese allzu wenigen, von denen es aber dennoch viele gab, erwähnen Sie nie. Sie unterschätzen auch das Maß an Mut, das erforderlich war, um Befehle der Nazis zu verweigern. Es war viel riskanter, als Sie es darstellen, das zu verweigern, was das NS-Regime von uns verlangte. Die Konsequenzen einer solchen Weigerung waren völlig unberechenbar. Ja, Sie haben recht, von den wenigen, die sich weigerten, jüdische Menschen zu töten, wurde keiner erschossen, aber man konnte sich dessen niemals sicher sein. Und vergessen Sie nicht, zuallererst waren die Konzentrationslager mit Deutschen gefüllt, und Angst, Angst und nochmals Angst beherrschte die Lage.

Sind Sie sich sicher, wie Sie unter akuter Angst reagiert hätten? Ich bin es gewiß nicht. Nachdem das NS-Regime meinen Mann umgebracht hatte, hätte ich alles, aber auch alles getan, mein Leben zu retten, um für meine beiden Söhne sorgen zu können, die damals vier und acht Jahre alt waren (doch solch schwierige Entscheidungen blieben mir erspart). Dennoch habe ich den Widerstand meines Mannes gegen den Nationalsozialismus voll und ganz unterstützt. Und ich habe immer akzeptieren können, daß er seine Lebensaufgabe erfüllte, indem er im aktiven Widerstand gegen Hitler den Tod fand.

Ja, Sie beschreiben in Ihrem Buch korrekt die schreckliche Wahrheit. Doch Ihre Grundeinstellung ist von Vorurteilen geprägt, und deshalb sind auch einige Ihrer Urteile falsch. Ich respektiere Ihre Vorurteile und verstehe diese durchaus. Nur machen Sie sich bitte klar, daß Ihr Buch unter deren Einfluß entstanden ist. Historiker können es selbst dann nicht vermeiden, Subjektivität in die Geschichtsschreibung einfließen zu lassen, wenn sie sich selber für vollkommen objektiv halten. Und Sie bilden da keine Ausnahme.

Ich werde alles daransetzen, daß dieser Brief als eine Stellungnahme veröffentlicht wird, die ich meinen toten Freunden schulde.

Sincerely yours
Freya von Moltke

Norwich/Vermont, den 10. August 1996

Sehr geehrter Herr Dr. Goldhagen,

mit Ihrem Buch »Hitlers willige Vollstrecker« haben Sie die vielen Deutschen gekränkt, die in der Opposition zur Nazi-Regierung standen. Das war nun mal ein ziemlich riskantes Unterfangen. Viele von ihnen haben es mit dem Leben bezahlt, wie z. B. mein Schwager Adolf Reichwein und sein Freund Helmuth James von Moltke.

Sind Sie sich dessen bewußt, daß allein in Berlin mindestens 2 000 Juden (die Schätzungen bewegen sich zwischen 2 000 und 4 000) im Untergrund überlebt haben mit Hilfe von »gewöhnlichen Deutschen«? Man brauchte ungefähr fünf Deutsche (ich war auch einer davon), um einen Juden durchzubringen. Also muß es allein in Berlin mindestens 10 000 solcher hilfsbereiten Menschen gegeben haben.

Offensichtlich ist es Ihnen unmöglich, sich vorzustellen, wie das Leben unter einer Diktatur aussieht. Presse und

Radio waren streng kontrolliert, und man konnte es nicht wagen, etwas davon Abweichendes zu äußern, weil man befürchten mußte, denunziert zu werden und im Konzentrationslager zu landen. Die Kinder in der Schule wurden angehalten, ihre Eltern zu denunzieren. Das Abhören ausländischer Sender war verboten und wurde schwer bestraft. Das waren nur ein paar von den Bedingungen, unter denen man leben mußte.

Aus diesen Gründen war es für die Nazi-Machthaber recht einfach, ihre Untaten geheimzuhalten. Wie Sie wissen, befanden sich alle Vernichtungslager außerhalb der deutschen Grenzen. Ich hatte die ungewöhnliche Gelegenheit, in den Jahren 1941 bis 1943 in Polen zu arbeiten, und habe mehr als die meisten Deutschen von dem gesehen, was dort mit den Juden vor sich ging. Trotzdem wußte ich nicht, was mit denen geschah, die in Viehwagen gepfercht und abtransportiert wurden. Ich habe das erst nach dem Krieg durch die Lektüre von Kogons »SS-Staat«[1] erfahren. Übrigens, wenn ich den falschen Leuten zu Hause von meinen Beobachtungen erzählt hätte, wäre ich wahrscheinlich wegen Verbreitung von »Greuelmärchen« schwer bestraft worden.

Aus diesen Gründen wußten selbst Menschen in der Opposition nicht, was wirklich passierte, und ich kann Ihnen versichern, daß die meisten Deutschen nichts von den Todeslagern und den von Ihnen beschriebenen Greueltaten wußten.

Sehen Sie, ich bin 1910 geboren und in der Zeit der Weimarer Republik erzogen worden. Das waren meine prägenden Jahre, und ich war von vornherein ein Gegner der Nazis. Ich habe die Jahre vor dem und im Dritten Reich mit offenen Augen erlebt und glaube mehr darüber zu wissen als jemand, der nur über die Ereignisse dieser Zeit gelesen hat.

---

[1]   Eugen Kogon, Der SS-Staat. Das System der deutschen Konzentrationslager, Frankfurt/M. 1946.

Kennen Sie das Buch von Gitta Sereny »Am Abgrund«[2]? Sie hat ausgezeichnete und gründliche Arbeit geleistet, geforscht und die Hauptbeteiligten vom Todeslager Treblinka interviewt. Ich meine, das ist die Art und Weise, wie ein solches Unternehmen durchgeführt werden sollte.

Ich habe Ihr Buch von Anfang bis Ende gelesen, es war ziemlich unerfreulich. Es enthält zu viele unbewiesene Behauptungen, Übertreibungen und unzulässige Verallgemeinerungen. Die zahlreichen Wiederholungen stören einen, ebenso all diese Fußnoten. Ein normales Literaturverzeichnis, alphabetisch nach Autoren geordnet, wäre nützlicher gewesen. Durch meine Arbeit im Redaktionsbüro des Ontario Department of Mines habe ich einiges über das Schreiben und das Redigieren von wissenschaftlichen Arbeiten gelernt. Ich habe in Geologie promoviert und hauptsächlich vor der Nazi-Zeit studiert. Da wurde ich gelehrt, objektiv wissenschaftlich zu arbeiten, alle Fakten zu berücksichtigen und nicht nur die, die zu meiner Theorie paßten.

Ich mußte diesen Brief schreiben, weil Ihr Buch mich wirklich aufgebracht hat. Es war nicht meine Absicht, Sie nun wiederum zu kränken. Ich hoffe, Sie sind gewillt, Kritik von einem wirklichen Zeitzeugen und einem alten Mann Ihrer Großvatergeneration anzunehmen.

Ich wäre angenehm überrascht, wenn ich eine Antwort von Ihnen bekäme, und wäre selbstverständlich sehr dankbar dafür.

Ihr *Rolf Pallat*

Waterloo/Kanada, den 14. Oktober 1996

---

[2] Gitta Sereny, Am Abgrund. Eine Gewissensforschung. Gespräche mit Franz Stangl, Kommandant von Treblinka, und anderen, Frankfurt/M.–Berlin–Wien 1979.

112

Dear Daniel Goldhagen,

ich habe gegen den deutschen Faschismus gekämpft, und meiner Ansicht nach weist Ihr Buch »Hitler's Willing Executioners« trotz Ihrer umfassenden Forschungsbemühungen und erklärenden Anmerkungen ernsthafte Lücken und fragwürdige Verallgemeinerungen auf.

Meine Frau und ich haben 1984 die Deutsche Demokratische Republik und dabei auch Buchenwald besucht, dort erfuhren wir sehr bald, wie das antifaschistische Erbe, bei dem es auch um die großen Grausamkeiten und den Völkermord an den Juden ging, in den Schulen gepflegt wurde. Ihr Buch scheint die Ansicht zu vertreten, daß das Schicksal der Juden den Kommunisten wirklich gleichgültig war. Doch die Kommunisten unterstützten den jüdischen Untergrund uneingeschränkt. Sie versäumen außerdem jeden Hinweis auf den beträchtlichen jüdischen Widerstand (wie er in Yuri Suhls Buch »They Fought Back«[1] dargestellt wird), dessen organisierte Gruppen von Poznan im Westen bis Wilna im Osten aktiv waren.

Sie werden sich wohl der Tatsache bewußt sein, daß die ersten, die in die Konzentrationslager gesteckt und hingerichtet wurden, Kommunisten wie Thälmann waren. Ich will ganz gewiß die Ungeheuerlichkeit des Verbrechens nicht herabsetzen, dessen Ziel ein totaler Völkermord war. Ihr Buch will doch der Frage nachgehen: »Wie konnte es zum Holocaust kommen?« Während Sie zu Recht den zügellosen Rassismus und Chauvinismus in den Mittelpunkt stellen, die in diesem Falle als Antisemitismus zum Ausdruck kamen, vernachlässigen Sie zwei grundlegende Faktoren, die Vorbedingungen des deutschen Faschismus darstellten: das deutsche Finanzkapital und den Antikommu-

---

[1] Yuri Suhl, They Fought Back. The Story of the Jewish Resistance in Nazi Europe, New York 1967.

nismus. Warum gehen Sie überhaupt nicht auf Krupp und Thyssen ein, die die Kriegsmaschinerie der Nationalsozialisten und die Gasöfen gebaut haben? Warum gibt es keinerlei Erwähnung des Antikommunismus (damals -bolschewismus)? Tatsächlich hat der Rassismus stets die »Rote Gefahr« heraufbeschworen, die angeblich auf einer jüdischen Verschwörung beruhte.

Wenn wir das Schweigen und/oder die Komplizenschaft eines großen Teils des deutschen Volkes anklagen, sollten wir doch festhalten, daß die Kommunisten und jene, die Sympathien für den Marxismus oder Sozialismus empfanden, sich fast ohne Ausnahme in den Konzentrationslagern beziehungsweise im Exil befanden, oder sie gehörten zur recht kleinen Opposition im Untergrund und manchmal sogar »über dem Grund«. Jene, die überlebten, übernahmen die Führung der DDR. Jene dagegen, denen es unter den Nationalsozialisten gutging, wie Konrad Adenauer, wurden führende Politiker der Bundesrepublik Deutschland.

Alle Jahre wieder gedenken wir gemeinsam des Holocaust, und wir tun dies, wie im Falle Vietnams auch, ohne über die historischen Ursachen nachzudenken. Unglücklicherweise behandelt Ihr Buch zwar die Manifestationen des Bösen, geht aber nicht darauf ein, *wie es dazu kommen konnte.*

Es gibt eine Definition des Faschismus; zwar gibt es angesichts des spezifischen historischen Zusammenhangs einige variable Faktoren, doch gilt stets die Formel: Räuberisches Finanzkapital (heute die multinationalen Unternehmen) plus Antikommunismus plus Rassismus.

In dieser Hinsicht versagt Ihr Buch bedauerlicherweise.

Cordially
David Silver

New York, den 27. September 1996

114

Sehr geehrter Professor Goldhagen,

vielen Dank, daß Sie Ihr Buch für mich signiert haben. Ihr Vortrag war von außerordentlichem Interesse für meinen Mann und mich, da wir beide Überlebende des Hitlerregimes sind; mein Mann stammt aus Österreich, ich aus Deutschland.

Ich finde einen großen Teil Ihrer Forschung ausgezeichnet und bin oft Ihrer Meinung, aber ich muß Ihnen offen gestehen, daß ich mit mehreren grundsätzlichen Auffassungen nicht einverstanden bin.

Sie bestehen darauf, daß die Verbrecher überwiegend Deutsche waren. Es stimmt, daß die Deutschen den größten Anteil an den Verbrechen hatten. Aber die Berichte über das barbarische Benehmen von Franzosen, Ungarn, Polen und Angehörigen anderer Nationalitäten zeigen, daß jene in keiner Weise weniger unmenschlich handelten als die deutschen Nazis. Als ich Philip Hallies Buch »Daß nicht unschuldig Blut vergossen werde«[1], das die Zustände im französischen Konzentrationslager Vel D'Hive beschreibt, gelesen habe, mußte ich die Lektüre zuweilen unterbrechen, um wieder zu Atem zu kommen.

Die französische Polizei, so erzählt Hallie, habe nahezu gleichgültig auf den Anblick der 4051 verhungerten und ungewaschenen Kinder reagiert, deren Geschrei ebenso wie die Schreie ihrer verzweifelten Mütter die stinkende Luft erfüllt habe. Nicht ein einziges Kind überlebte.

Das ist ein flüchtiger Blick in die Hölle. Die französische Polizei hätte das verhindern können, wenn sie menschlich gewesen wäre.

Ferner bestehen Sie darauf, daß »die systematische Aus-

---

[1] Philip Paul Hallie, Daß nicht unschuldig Blut vergossen werde. Die Geschichte des Dorfes Le Chambon und wie dort Gutes geschah, Neukirchen-Vluyn 1983.

schließung von Juden aus dem deutschen wirtschaftlichen und sozialen Leben unter den anerkennenden Augen und unter Mitschuld aller Teile der deutschen Bevölkerung öffentlich vonstatten ging«.

Hier müssen wir einen Blick auf die Tatsachen werfen. Im Jahre 1932 gab es in Deutschland sechs Millionen Arbeitslose. Viele hungerten und wollten Nahrung und Arbeit. Die Nazis versprachen ihnen beides. Bei den Wahlen vom November 1932 erhielt die NSDAP nur ungefähr ein Drittel der Stimmen. Zwei Drittel der Wahlberechtigten gaben ihre Stimme nicht einem gesetzlosen Demagogen wie Hitler, der seine Anschauungen in keiner Weise verheimlichte.

Peter Hoffmann, der die bedeutendste Autorität in Angelegenheiten des deutschen Widerstandes ist, beschreibt, wie die Schreckensherrschaft sich stetig verschlimmerte.[2] Willkür und Terror seien gesetzlich sanktioniert worden, seien an der Tagesordnung gewesen. Presse und Rundfunk unterlagen einer strengen Zensur.

Tatsächlich waren die ersten Opfer, die in Konzentrationslagern umkamen, keine Juden. Hitler und seine Rotte zeigten dem deutschen Volk – besonders den Durchschnittsdeutschen –, was all denen passieren würde, die der Regierung Widerstand leisteten oder sich einfach nicht einverstanden erklärten.

Ihre Schlußfolgerung scheint die Atmosphäre von Folter und Wahnsinn total zu ignorieren, die von dem Tage an bestand, an dem Hitler an die Macht gelangte, dem 30. Januar 1933. Ich kann diese Zeit nie vergessen, denn ich habe von 1933 bis 1939 unter den Nazis gelebt.

In Ihrem Buch deuten Sie mehrere Male an, daß es für die Deutschen möglich gewesen wäre, zu protestieren oder sich zu erheben. Das ist absolut falsch. Ich möchte hier nur

---

[2] Peter Hoffmann, Widerstand, Staatsstreich, Attentat. Der Kampf der Opposition gegen Hitler, München 1969.

einen einzigen Fall erwähnen: Fabian von Schlabrendorff, einer der Führer des Widerstandes. Er war ein Freund meines verstorbenen Bruders und mußte so teuflische Folterungen erleiden, daß nur ein Heiliger das durchmachen und trotz der »intensiven Verhöre« schweigen konnte. Der Durchschnittsdeutsche ist kein Heiliger. Jeglicher organisierte Widerstand in dieser Zeit war unmöglich. Der einzig richtige Zeitpunkt, Widerstand zu organisieren, wäre 1923 gewesen, als Hitler »Mein Kampf« schrieb, aber nicht zehn Jahre später. […]

Sie gehen auch nicht auf die ungeheuren finanziellen Vorteile ein, die die Nazis daraus zogen, daß sie die Juden vernichteten. Dieser organisierte Raub war nicht vom Haß diktiert, es handelte sich hier um Verbrecher, die, um ihren Raub zu rechtfertigen, die Juden als »Ungeziefer« darstellten, das »vernichtet« werden mußte.

Von dem Tage, als Hitler zur Macht gelangte, wußten wir alle, daß er selbst und seine Rotte geisteskrank waren und sadistische Befriedigung brauchten. Aber das beschränkt sich nicht auf Deutsche, es ist ein universelles Vorkommnis. Bitte mißverstehen Sie mich nicht: Ich entschuldige die Deutschen nicht, aber ich klage die restliche Welt als Mitschuldige an. Die Welt sah schweigend zu, obwohl sie unzählige Gelegenheiten hatte, einen Heidenlärm zu machen. Sie hätte für die verfolgten Opfer die Grenzen öffnen können – wenigstens zeitweilig. Sie hätte eine Lösung finden können, denn sie lebte nicht unter der Drohung von Folter und Tod. Sie können sich nicht vorstellen, was es bedeutet, unter solchen Bedingungen zu leben. Das hysterische Nachahmen des »geliebten Führers« war teilweise ein Ausdruck von Furcht. Jedoch nur teilweise. Millionen von Menschen waren froh, daß die Juden ermordet wurden, denn sie waren Sadisten, Feiglinge, neidisch oder hatten keine Aussicht auf Erfolg: all dies Kennzeichen des Antisemiten.

Ich bin Ihrer Meinung, daß es keine sogenannte »Judenfrage« gibt. Aber zweifellos gibt es ein »antisemitisches Problem«, das bekämpft werden muß und sich nicht auf eine Nationalität beschränkt. Es handelt sich hier um ein universelles Problem, und wenn wir es nicht jetzt erkennen und ihm die Stirn bieten, ist es zu spät. Wir sehen die Zeichen an der Wand.

Ergebenst
Ilse Mertens

New York, den 1. November 1996

Dear Professor Goldhagen,

ich erlebte Sie bei der Verteidigung Ihres Buches »Hitlers willige Vollstrecker« in zwei deutschen Fernsehsendungen und habe mir Ihre Argumente angehört.

Meiner Meinung nach schätzen Sie das Verhalten der Angehörigen der Polizeibataillone, denen in den besetzten Gebieten des Ostens abscheuliche Mordverfahren zugeschrieben werden, falsch ein. Zu Recht weisen Sie darauf hin, daß es die Möglichkeit einer Freistellung von der Teilnahme an diesen Handlungen gab. Sie interpretieren die Tatsache, daß nur so wenige die Teilnahme verweigerten, mit der Annahme, daß die Mörder indoktrinierte Nationalsozialisten oder überzeugte Antisemiten gewesen seien. Aber auch das gilt nur für einige wenige. Die Mehrheit entschied sich wegen der schwerwiegenden Konsequenzen gegen eine Verweigerung. Denn wer sich weigerte, landete sehr schnell an der Ostfront, was während des Krieges eine ungeheure Verminderung der Überlebenschancen bedeutete. Dies erklärt, warum eine Mehrheit der Angehörigen dieser Verbände, die als »gewöhnliche« Menschen gewiß angesichts des nationalsozialistischen Terrors über keine hohen moralischen Maßstäbe verfügten, ihre Feigheit nicht überwanden und in diesen Einheiten blieben, weil die Überlebenschancen dort besser waren. Sondereinheiten, die als Mordkommandos wirkten, gab es auch in der Sowjetunion (man denke nur an Katyn!). Angehörige dieser Einheiten, die aus moralischen Gründen die Teilnahme verweigerten, wurden auf der Stelle erschossen, ohne daß sie sich hätten für eine Alternative entscheiden können.

Dr. Bruno Westbunk

Lüneburg, den 7. September 1996

V.

»Was wußte ich denn?«

Zeitzeugen erinnern sich

Sehr geehrter Herr Professor Goldhagen,

als älterer Deutscher – also der »Tätergeneration« zugehörig – möchte ich Ihnen von einem Erlebnis berichten, das
die damalige Situation in Deutschland kennzeichnet:

Im Sommer 1942 bat mich, der ich damals ein junger
Oberleutnant der Kriegsmarine war, eine Dame im Zug
Bremen–Berlin, mit ihr aus dem Abteil auf den Gang zu
gehen, weil sie mir etwas Wichtiges unbedingt mitteilen
müsse. Dort sagte sie mir sehr bewegt, sie müsse als deutsche Zivilangestellte wieder in den Osten zurück, was für sie
schrecklich sei. Denn sie habe gesehen, daß dort Hunderte
von Juden in Lastwagen getötet würden, und zwar durch
Gas. Das müsse sie mir als sympathischem jungen Offizier
sagen, damit wir an der Front über diese schrecklichen Untaten informiert würden.

Ich war entsetzt und sprach von dieser Begegnung und
ihrem Inhalt später in Nordnorwegen ganz offen zu einem
Kreis von etwa einem Dutzend junger Offiziere. Alle waren
betroffen, aber man schwieg, bis einer sagte, der Führer
wird schon wissen, was er tut. Ein anderer nahm mich etwas
später beiseite und meinte, ich solle mich in Zukunft hüten,
darüber zu sprechen, es könne für mich gefährlich werden.

Von der späteren systematischen Massenvernichtung in
den großen Lagern habe ich wie wohl alle meine Marineka-
meraden erst nach dem Kriege erfahren, und ich kenne keinen, der ja dazu gesagt hätte.

Doch werfe ich mir wie meinen Landsleuten vor, daß wir
nicht den Anfängen der Pogrome entgegengetreten sind,
sondern aus Gleichgültigkeit, später aus Angst, nichts oder
zu wenig unternommen haben, vielleicht auch gelähmt
durch die Kriegsereignisse ab 1943, insbesondere die Städ-
tebombardierungen. Wir Deutsche – das ist meine Lebens-
erfahrung – sind nicht besser und nicht schlechter als die

Menschen anderer Völker, aber wir haben einen solchen verbohrten Machtmenschen wie Hitler hervorgebracht und zugelassen, daß er mit einer Clique Gesinnungsgenossen und Günstlingen diese entsetzlichen Pläne entwickelte und dann, wie meines Erachtens in jedem Volke möglich, zur Durchführung den entsprechenden Mob fand, dazu dann noch ängstliche Befehlsempfänger nahm, die blind und dumm das unsägliche Werk vollbrachten. Daß der damals bei vielen im deutschen Volk verbreitete Kadavergehorsam dazu beigetragen hat, muß ich zugeben.

Die wenigen Juden in den norddeutschen Kleinstädten waren ehemals geachtete Bürger. Ich habe dort nie Judenhaß erlebt, die Nazi-Propaganda stieß auf diesem Sektor ins Leere, bis auf nur ganz wenige Eiferer, die man allgemein nicht ernst nahm und die es überall in der Welt gibt.

Ich stelle immer wieder fest, daß der Deutsche sich dieses Geschehens schämt und daß gerade dadurch die Beziehungen zu Israel und den Juden überhaupt enger geworden sind, wie unsere offizielle Politik, aber auch die zahllosen Besuche Deutscher in Israel zeigen.

Weil die Juden ein so hohes geistiges und künstlerisches Potential haben, wie besonders deutlich in der deutschen Vergangenheit, bewundere ich sie, obwohl ich weiß, daß auch sie nicht besser oder schlechter als andere sind, wie ich selbst bei mehreren Besuchen in Israel feststellen konnte.

Ihnen, Mr. Goldhagen, möchte ich meinen Dank aussprechen, daß Sie dieses Thema, das in Deutschland nie vom Tisch darf, wieder in die Diskussion gebracht haben, obwohl und vielleicht gerade weil Ihr Buch eine gewisse Einseitigkeit und zu schnelle Verallgemeinerungen aufweist. Das werden Sie sicher inzwischen gemerkt haben, und vielleicht werden Sie in einem zweiten Buch über Ihre Erfahrungen in Deutschland berichten und einiges richtigstellen, was Sie nur ehren würde, denn im neuen demokratischen

Deutschland herrscht eine große Judenfreundlichkeit, die niemand aufs Spiel setzen sollte.

Mit freundlichem Gruß
Dr. Nikolaus Menke

Hamburg, den 7. September 1996

Dear Doctor Goldhagen,

unter den vielen anderen Kommentaren zu Ihrem Buch werden Sie vermutlich auch denjenigen Lew Kopelews, »Im Widerspruch zur Geschichte«[1], gelesen haben. Er schreibt an einer Stelle in der Mitte seines Artikels: »Wir waren berauscht ... von den Reden unserer Führer und Lehrer ... Wir waren berauscht – etwa so, wie unsere deutschen Altersgenossen von Hitlers Autobahnen, von KdF-Veranstaltungen, von den Reden ihrer Führer und Lehrer, von der Olympiade und von der Aufrüstung berauscht waren.«
  Nur einige Worte, um meinen Punkt klarzumachen: »Wir« bedeutet gewiß nicht, daß alle seine Zeitgenossen berauscht waren. Daß er zu den Berauschten gehörte, mag man verstehen; in meiner Achtung steigt er deswegen nicht. Das gleiche gilt für seine deutschen Zeitgenossen. Sie waren massenweise berauscht, aber gewiß nicht alle.
  Meine Gymnasialklasse war zwiegespalten: Ein Teil war

---

[1] Lew Kopelew, »Im Widerspruch zur Geschichte. Daniel Goldhagen versteht die Situation von Menschen in Diktaturen nicht«, in: DIE ZEIT vom 2. 9. 1996, S. 8.

berauscht; er beherrschte die offene politische Diskussion. Ein anderer Teil war es nicht, er hielt sich zurück, diskutierte gleichfalls untereinander, und zwar von allem Anfang an kritisch und mit Sorge. (Eine Folge dieser Spaltung ist, daß in den vergangenen fünfzig Jahren kein Klassentreffen stattgefunden hat.)

Ich nehme an, Sie selber hätten auch zu den Nicht-Berauschten gehört. Und Sie fragen sich wahrscheinlich, warum haben die sich nicht organisiert, um Widerstand zu leisten. Die Berauschten waren zu sehr in der Überzahl; ihr Druck, ihre Wachsamkeit und ihre Brutalität waren enorm und erschreckend. Das hielt an bis in die Kriegsgefangenenlager, bis in die Nachkriegszeit – bis heute.

Ich sympathisiere mit Ihnen, aber bitte seien Sie behutsam; für viele Millionen Deutsche war die Diktatur die Hölle.

Vielleicht hilft Ihnen bei gelegentlichen Diskussionen ein Zitat eines meiner besseren Landsleute. Kant schreibt in seiner »Anthropologie in pragmatischer Hinsicht«: »Daß auf die Regierungsart alles ankomme, welchen Charakter ein Volk haben werde, ist eine ungegründete, nichts erklärende Behauptung; denn woher hat denn die Regierung selbst ihren eigentümlichen Charakter?«[2] […]

Yours most sincerely
Professor Dr. Hans J. Becker

Heidelberg, den 9. Oktober 1996

---

[2] Immanuel Kant, Anthropologie in pragmatischer Hinsicht, Berlin 1907, S. 313.

Sehr geehrter Herr Goldhagen,

zunächst: Das Buch habe ich noch nicht gelesen. Die folgenden Beobachtungen gründen sich auf genaue Kenntnis mehrerer Artikel, die in der deutschen Wochenzeitung DIE ZEIT erschienen; hauptsächlich auf Ihre lange Replik »Das Versagen der Kritiker«[1].

Item: An einem sonnigen Mittag im Jahre 1938 verließ ich die Schule, um nach Hause zu fahren. Der kurze Weg zur Straßenbahn führte mich, wie immer, vorbei an den Schaufenstern von »MARCAN«, ein damals vornehmes Pelzgeschäft in meiner Heimatstadt Köln.

An jenem Mittag hatte jemand alle Schaufensterscheiben eingeschlagen. Die kostbaren Pelze lagen in der Gosse. Mehrere SA-Männer standen herum. Ich erinnere mich genau, was ich als zwölfjähriger Schuljunge empfand: Erstaunen.

Außer den SA-Männern hielt sich niemand in der Nähe des Tatorts auf – keine Neugierigen, keine wütenden Passanten, keine »Antisemiten«. Jeder, der vorbeiging, wirkte auf mich merkwürdig »normal« in seinem Verhalten.

Item: 1943 wurde ich als Luftwaffenhelfer eingezogen. Zwei meiner Barackengenossen, mit denen ich als Mitglied einer Luftabwehreinheit das BMW-Werk (damals in Dachau!) zu »schützen« hatte – Fritz Flick, Sohn des milliardenschweren Industriellen, und Eberhard von Brauchitsch, zeitweise sein Bevollmächtigter –, spielten später eine Rolle in der Bundesrepublik Deutschland.

Wir hörten das dumpfe Rollen von Zügen fast jede Nacht. Sie erreichten wohl die Rampe nahe des KZ Dachau oder verließen sie. Manchmal meinten wir einen ätzenden

---

[1]   DIE ZEIT vom 2. 8. 1996, S. 9–14.

Geruch wahrzunehmen – immer zur Nacht. Wir wußten alle, daß irgend etwas Unaussprechliches dort vorging – aber niemand, *niemand* wußte Genaues. Wir dachten:»Sie« beschäftigen sich dort mit etwas Widerwärtigem und Schrecklichem – was aber genau konnte das sein? Wie auch immer: Es schien ratsam, dazu Stillschweigen zu bewahren.

Der Alltag war voller Gefahren in jenen Jahren; ein jeder – jedermann! – war sich dessen bewußt. Gefahr ging nicht nur von pausenlosen Angriffen alliierter Luftgeschwader aus, sondern auch vom Würgegriff einer omnipotenten Regierungsmacht im Lande. Sie können mir ruhig glauben, was ich schreibe: daß diese Furcht vor der Gefahr eines perfekt funktionierenden Unterdrückungssystems zeitweise stärker war als alle Furcht vor dem alliierten Gegner.

Item: Der beste Freund meines Vaters aus seinen Studentenjahren war ein Jude aus Gablonz im Sudetenland. Er emigrierte in die USA und wurde später mein Bürge, als ich nach Amerika ging. Unsere beiden Nachbarn in Köln waren deutsche Juden: Schoemann zur Linken, Rothschild zur Rechten. Die Rothschild-Kinder waren meine ersten Spielkameraden. Beiden Familien gelang es rechtzeitig, Deutschland zu verlassen.

Niemals sprachen meine Eltern über das Schicksal ihrer jüdischen Freunde. Beide, mein Vater und meine Mutter, entstammten internationalen Familien. Sie wuchsen in Belgien auf, zweisprachig. Die Hälfte meiner Verwandtschaft lebte – und lebt – im Ausland. […]

Ich kann mich an keine einzige antisemitische Bemerkung erinnern, weder von meinen Eltern noch von sonst irgend jemandem. Ein Antisemit wäre in meinem Elternhaus auf große Schwierigkeiten gestoßen, hätte er sich je zu solchen Bemerkungen verstiegen.

Item: Ich ging in einen Kindergarten, in dem die Hälfte aller Kinder aus jüdischen Familien stammte. Das war gar nichts Besonderes; niemand dachte darüber nach. Als diese Kinder verschwanden, wurde das kommentarlos akzeptiert – »sie« hatten irgend etwas damit zu tun – aber was genau?

Warum habe ich diese längst vergangenen Ereignisse hier aufgeführt?

Um zu erklären, was vielleicht nie ganz verstanden werden kann, muß ich eine Äußerung heranziehen, die der ehemalige französische Minister Jean Pierre Chevènement getan hat: »Die Reformation hat Deutschland innere, geistige Freiheit gebracht, aber der kritische, individualistische Geist hat vor dem Staat haltgemacht, ihn in gewisser Weise sich selbst überlassen und ihn so akzeptiert, wie er sich darstellte.«[2]

Nach den Wirren der Weimar-Demokratie – vierzehn kurze Jahre des Suchens und Ausprobierens – sehnte sich ein Großteil der deutschen Bevölkerung, immer noch verunsichert, nach einer Regierung der »starken Hand«. Brachten die ersten erfolgreichen Jahre der Hitler-Herrschaft nicht die Antwort auf viele offene Fragen zur Zukunft des Reiches? Bei Haffner findet sich folgendes Zitat von Joachim Fest:

»Wenn Hitler Ende 1938 einem Attentat zum Opfer gefallen wäre, würden nur wenige zögern, ihn einen der größten Staatsmänner der Deutschen, vielleicht den Vollender ihrer Geschichte zu nennen.«[3]

Der offizielle Antisemitismus des neuen Regimes nach 1933 erschien wie eine weitere »richtige Antwort« der Na-

---

[2] »Angst vor Deutschland«, in: DIE ZEIT 32 (1996), S. 32.
[3] Sebastian Haffner, Anmerkungen zu Hitler, Frankfurt/M. 1992, S. 43.

tionalsozialisten. Chevènements »kritischer, individualistischer Geist« erbrachte zu keiner Zeit ein wahrhaftiges kritisches Durchleuchten der Methoden, deren sich der neue deutsche Staat bediente.

Niemand wird bestreiten, daß es Antisemitismus gab, aber Sie machen es sich zu einfach, wenn Sie »eliminatorischen Antisemitismus« als entscheidenden Antrieb hinter den Greueln sehen, die Deutsche während des Holocaust begingen. Zu behaupten: »1933 teilte die Mehrheit aller Deutschen Hitlers antisemitische Anschauungen«, ist eine unzulässige Simplifikation! Es ist einfach nicht wahr, daß jeder Unhold, der auf hilflose Juden losging, von glühendem »eliminatorischen Antisemitismus« erfüllt war!

Wäre es nur so gewesen!

Eine derartige »Ursache-Wirkung«-Denkweise erscheint seltsam altmodisch. [...] Überprüfen Sie Ihre Argumentation, Herr Goldhagen! Sie werden feststellen, daß sie nach dem neunzehnten Jahrhundert riecht!

Ob es nun wahr ist, daß Soldaten und SS-Männer von »Tötungspflichten« entbunden werden konnten, wenn Sie darum baten (würde ja heißen: Ausführende töteten aus freien Stücken – wie Sie behaupten), bleibt immer noch fraglich. Mir ist während meiner Jahre unter dem Nazi-Terror solches nie zu Ohren gekommen – und Mr. Goldhagen, wir wollen doch einmal klarstellen: Ich habe das alles durchlebt – Sie nicht. [...]

Ich wundere mich über das sonderbare Schweigen, daß meine Eltern und deren Freunde und Bekannte während der Nazi-Jahre befallen hatte. Meine Eltern waren im Alltag jener Jahre weit davon entfernt, immer und überall sich anzupassen. Zum Beispiel wurden den Hitlerjugend-Flegeln stets die Tür gewiesen, wenn Sie drohend meine Pflichtteilnahme einforderten. Mein Vater fand eine Lösung, mich von diesen HJ-Veranstaltungen fernzuhalten.

Meine Mutter wäre um ein Haar in ein KZ eingeliefert worden, als sie sich standhaft weigerte, unsere bescheidene Flüchtlingswohnung in Südbayern dem Chauffeur des bayrischen Gauleiters zu überlassen (1944/45). Ihr Verhalten anläßlich der Begrüßungsveranstaltung zum offiziellen Besuch der Reichsfrauenschaftsführerin Scholtz-Klink, zu der sie abkommandiert war, kann man nur als wahnwitzig einstufen: als einzige unter Tausenden von Anwesenden blieb sie beim Eintritt der Nazi-Charge demonstrativ sitzen – ohne Nazi-Gruß.

Und dennoch: Haben sie einfach ignoriert, was ihnen zu Ohren kam? Es muß so gewesen sein. Antisemiten waren sie wahrhaftig nicht, sie hatten im Gegenteil viele jüdische Freunde. Niemals aber nahmen sie eindeutig Stellung; niemals haben sie sich zu irgend etwas entschlossen – mir ist nichts bekanntgeworden.

Kompromiß? Konformismus? Furcht? Chevènements »kritischer, individualistischer Geist«, welcher haltmachte vor dem Staat!

Es scheint unglaublich: Viele der Schinder und Mörder begingen ihre Verbrechen nicht, weil »eliminatorischer Antisemitismus sie trieb, sondern einfach, weil sie »zur Stelle« waren!

Muß ich Sie an die Schandtaten erinnern, die im Südstaaten-Gefangenenlager Andersonville während des amerikanischen Bürgerkrieges begangen wurden? An den organisierten Völkermord der Indianer in Nordamerika im neunzehnten Jahrhundert? An die Konzentrationslager der Engländer im Burenkrieg? An die unbeschreiblichen Greuel des Spanischen Bürgerkriegs?

Wollen wir doch alle hoffen, daß Sie als Bürger der Vereinigten Staaten niemals erleben werden, wie sich die Mitbürger verhalten, sollte der Lauf der Geschichte Gelegenheit bieten, die kriminelle Energie gegen den Mitmenschen freizusetzen, die nun einmal latent in jedem Volk vorhanden ist! Kein Volk ist davor gefeit. [...] Es fehlt nur die »richtige Gelegenheit«.

Wie jeder »echte Amerikaner« halten Sie eisern fest am Glauben an das Gute im Menschen. Natürlich sind Sie aus diesem Grunde fest davon überzeugt, daß alles Übel sich mit »Ursache und Wirkung« erklären ließe.

Wie schön! Aber falsch gedacht.

Mit freundlichem Gruß
Ihr *Fritz André Kracht*

Madrid, den 8. August 1996

Dear Professor Goldhagen,

die Lektüre Ihres Buches »Hitler's Willing Executioners« war eine schwerwiegende Erfahrung für mich. Meine herzlichsten Glückwünsche an Sie, Sir! Das Buch erhielt ich von meiner Tochter, Professor Nancy Sommers, Direktorin des Programms für Autoren von Sachtexten in Harvard. Ich bin glücklich, ein signiertes Exemplar Ihres Buches zu besitzen, und möchte hinzufügen, daß ich dieses außerordentlich in Ehren halte.

Ich bin in Frankfurt am Main geboren und Anfang Januar 1939 emigriert. Den Anfang des Holocaust habe ich mit eigenen Augen gesehen, als Synagogen total niedergebrannt, Ladenschaufenster zertrümmert und jüdische Wohnungen geplündert wurden. Mein Vater wurde verhaftet und verbrachte einen Monat in Buchenwald.

132

Seit ich 1988 in den Ruhestand gegangen bin, sitze ich an einer eigenen Untersuchung über den Holocaust. Ich habe zahlreiche Bücher zu dieser Thematik gelesen und zweimal bin ich zu Besuch in Deutschland gewesen; ich bin sogar von der Stadt Frankfurt eingeladen worden und wurde gebeten zu einer Klasse meiner früheren höheren Schule, der »Musterschule«, zu sprechen. Ich führte Gespräche mit den Lehrern, sprach zu den Schülern und traf einen meiner früheren Klassenkameraden. Doch obwohl ich so vieles über den Holocaust gelesen habe, konnte ich nicht verstehen, wie es möglich war, daß die Nazis sechs Millionen Juden ermorden konnten. Ich habe nie etwas über die Polizeibataillone gelesen, und auch über die Todesmärsche gegen Kriegsende habe ich nur wenig erfahren. Mir war auch bekannt, daß die Bezeichnung »Arbeitslager« ein reiner Euphemismus ist.

Ich bin in ständigem Briefwechsel mit einem früheren Klassenkameraden, der Ihr Buch in Deutsch gelesen hat. Er teilte mir folgende Beobachtung mit: »Goldhagen erzählt die wirkliche Geschichte, die nie zuvor erzählt worden ist.« Im gleichen Brief berichtet mein Freund von seinen persönlichen Erfahrungen als Soldat der Wehrmacht in Rußland. Bei einem Auftrag im rückwärtigen Gebiet traf er auf einen deutschen Polizisten in Uniform, der gerade auf einer Bank in der Sonne saß und seine Pistole und sein Gewehr reinigte. Der Polizist erzählte voller Begeisterung, wie viele Juden er mit jeder seiner Waffen getötet hatte. Mein Freund war nicht in der Lage, ihm zu sagen, was er von ihm und seinem mörderischen Geschäft hielt.

Der Polizist sagte: »Der Führer will das so.« Aus naheliegenden Gründe konnte mein Freund nicht nach Hause schreiben, was er gesehen oder gehört hatte.

Herr Professor Goldhagen, mit großem Interesse werde ich einen Ergänzungsband zu diesem Buch oder jedes andere Buch lesen, das Sie in Zukunft möglicherweise über den Holocaust schreiben werden.

Am Schluß möchte ich diese Gelegenheit nutzen, Ihnen in jeder Hinsicht das Allerbeste zu wünschen.

Sincerely yours
Walter M. Sommers

Terre Haute/USA, den 24. November 1996

Sehr geehrter Herr Goldhagen,

obwohl Volker Ullrich in der ZEIT[1] die Rezeption Ihres Buches und Ihrer Person in Deutschland stimmig zusammenfaßt, gebe ich zu bedenken, daß die zweite Generation nach der Shoa der Thematik gegenüber zur Verstocktheit neigt, so daß die dritte auf ihrer Suche nach Erklärung eher bei der ersten ein offenes Ohr findet. Das veranlaßt mich, jenseits des Methodenstreits der Historikerzunft ein paar Facetten »Geschichte von unten« beizutragen.

Ich war bei Kriegsende genau vierzehn Jahre alt, Sproß einer im katholischen Emsland eingesessenen Familie, deren politische Heimat der linke Flügel der Zentrumspartei war. Meine Wahrnehmung der jüdischen Religionsgemeinschaft fiel zusammen mit ihrer Verfolgung. Es gab in Lingen (ca. 17 000 Einwohner) eine lebendige jüdische Gemeinde

---

[1] Volker Ullrich, »Goldhagen und die Deutschen. Die Historiker kritisieren ›Hitlers willige Vollstrecker‹. Das Publikum empfindet das Buch als befreiend«, in: DIE ZEIT vom13. 9. 1996, S. 2.

mit Synagoge und einem Friedhof, der vom christlichen durch eine Mauer getrennt war. Mein Vater berichtete: Ich habe Max Cohn dringend zum Auswandern geraten; die Juden hätten von den Nazis das Schlimmste zu gewärtigen. Cohn dagegen: Ich zahle meine Steuern, tue niemandem etwas zuleide und bin auch noch mit einer Christin verheiratet.

Kristallnacht: Wir Kinder kamen auf dem Schulweg am Textilgeschäft Markreich vorbei; die Schaufensterscheiben waren eingeschlagen. Mittags erzählte mein Vater, er habe morgens die Synagoge als glimmenden Trümmerhaufen vorgefunden, umringt von besoffenen SA-Männern (»Die Elite der Gosse« – Bullock). Er führte mich auf die Straße und wies auf eine dünne Rauchfahne, die immer noch über dem Gertrudenweg (heute Synagogenweg) stand.

Eine ältere Freundin hörte von ihrem Vater: Ein Verbrechen, die Synagoge anzustecken; mancher Handwerker hätte sich darin gern eingerichtet.

Verwandtenbesuch aus dem oldenburgischen Löningen. Meinem Vater, der sich erregt über die Judenverfolgung äußert, wurde entgegengehalten: Die Juden haben schon unseren Herrn Jesus Christus gekreuzigt.

Etwa 1940 wurden Bauunternehmen dienstverpflichtet, das (wenn mich nicht alles täuscht) Konzentrationslager Esens fertigzustellen. Man nannte es unter sich »Konzertlager« und wußte, daß dort Nazi-Gegner eingesperrt werden würden. Unbehagen.

In der Lokalzeitung erschienen Anfang der Vierziger mehrere Todesanzeigen mit der Angabe Hadamar als Todesort. Es sprach sich schnell herum, daß dort »lebensunwertes Leben«, Behinderte vernichtet würden. Bischof von Galen, Münster, prangerte dieses Verbrechen von der Kanzel herab an. Die Kampagne wurde eingestellt. Von Juden war, soviel ich weiß, nicht die Rede.

Ein Nachbar auf Heimaturlaub nahm meinen Vater beiseite: In Rußland werden die Juden zusammengetrieben, müssen ihr eigenes Massengrab ausheben, sich am Rande aufstellen und werden dann niedergemäht. Zum Schluß eine Lage Chlorkalk ...

Deportationen habe ich selbst nicht gesehen (wahrscheinlich nachts). Aber auch mir fiel auf, daß die gelben Judensterne nach und nach verschwanden. Meine Eltern und wohl die meisten Lingener vermuteten, daß die Juden nach Osten verschleppt würden und dort auf die eine oder andere Weise zu Tode kämen.

Während des Krieges wurden zunehmend Bürger von der Gestapo abgeholt, wie das damals hieß, die meisten von Nachbarn wegen Abhörens von »Feindsendern« denunziert. Angst und Wut verbreiteten sich. Der Fehlschlag des Attentats vom 20. Juli wurde – halblaut – von der Mehrheit bedauert.

Summa: Ich kenne außerhalb meiner (erweiterten) Familie niemanden, dem die vor aller Augen stattfindenden Verbrechen an den Juden den Schlaf geraubt hätten. Die Juden, das waren die anderen, und ihrem Schicksal gegenüber war man indifferent. Eliminatorischem Antisemitismus bin ich nicht begegnet. Die Existenz von Todesfabriken wurde auch meiner Familie erst nach Kriegsende bekannt. Ich möchte unterstellen, daß diese Tatsache auch während der Nazi-Zeit bei der Mehrheit der Deutschen Entsetzen ausgelöst haben würde. Wie dieselben Menschen sich im Fall eines angenommenen Befehlsnotstandes entschieden hätten, wage ich nicht zu entscheiden. Sicher ist, daß generell die vorhandenen Freiräume des Sehens, Reflektierens, Sprechens und Handelns nicht ausgenutzt wurden.

Seit meinem Studium in Göttingen in den Fünfzigern bis heute wird mir von ganz normalen Bürgern vorgehalten, die jüdische Hochfinanz habe Deutschland den Verlust zweier

Kriege eingebracht. Und »Vergasen« ist eine nicht ganz ungewöhnliche Verwünschung für Mißliebige. Kommt die Rede auf Ignaz Bubis, der sich heroisch bemüht, den Deutschen gerecht zu werden, bekommt man gelegentlich zu hören: Ach, die Juden wollen doch nur unser Geld.

So widerlich der dumpfe Antisemitismus unserer Gesellschaft (etwa eines Drittels) ist, für gefährlich halte ich ihn nicht. Es bedurfte des Massenelends, die Nazis an die Macht zu bringen, und einer grenzenlosen, einschüchternden Volksverhetzung, die die Juden als Verderber des Vaterlandes aufbaute, der Bevölkerung die Ausschreitungen hinnehmbar erscheinen zu lassen. Die trübe Mischung aus christlicher Judenfeindschaft und im vorigen Jahrhundert entwickelter Rassenideologie, instrumentalisiert von einem verbrecherischen Gewaltregime, hat das Unvorstellbare, die Shoa, möglich gemacht.

Ich wünsche Ihnen alles Gute; um Ihre akademische Karriere ist mir, anders als Herrn Baring, nicht bange.

Ina Podder-Theising

Dormagen, den 17. September 1996

Sehr geehrter Herr Goldhagen,

ich habe die heftigen und gelegentlich emotional geladenen Diskussionen in Deutschland um Ihr zum Teil umstrittenes Buch »Hitlers willige Vollstrecker« mit Spannung verfolgt sowie alle möglichen Artikel und Leserbriefe in Zeitungen oder Magazinen gelesen. Schließlich habe ich mir auch Ihr Buch gekauft und darin zu lesen begonnen.

Ich würde mich freuen, wenn Sie die Zeit fänden, die folgenden Gedankensplitter zur Thematik Ihres Buches zu lesen. Dabei nehme ich an, daß Sie Deutsch sehr gut verstehen.

Als heute 62jähriger habe ich die NS-Zeit als Kind und als Heranwachsender kennengelernt, wohlbehütet von meinen Eltern und Großeltern, einfachen Leuten, die dem Unwesen des Nazi-Regimes wohl weitgehend indifferent bis ablehnend gegenüberstanden. Die Verfolgung der Juden war Ihnen natürlich bekannt, von deren Erniedrigung und Vernichtung hatten sie wohl eine dumpfe Ahnung, den tatsächlichen Grausamkeiten und Morden hätten sie aber sicherlich keinen Glauben geschenkt, wenn dies ihnen erzählt worden wäre. Ich selber bin während meines Studiums in den fünfziger Jahren mit der vollen Tragweite der systematischen Ausrottung der Juden zum erstenmal konfrontiert worden, als ich über meinen Lehrer für einen jüdischen Rechtsanwalt in München einige thematische Landkarten der von den Nazis in ihren verschiedenen Hoheitsgebieten errichteten Arbeits- und Vernichtungslager anfertigen sollte. Bei dieser Gelegenheit mußte ich eine Menge Literatur darüber lesen, und der Schock über die darin geschilderten Grausamkeiten, unterstützt durch dokumentarische Photos, war bei mir – wie ich mich noch heute genauestens erinnere – ziemlich groß. [...]

Im Grunde bin ich mit Ihren Thesen einverstanden, daß es letztendlich *ganz gewöhnliche Deutsche* waren, die zur Durchführung des Holocaust willig beitrugen, ja ihn in vollem Umfange erst ermöglichten. In der heutigen Zeit kann man sich das Ganze zwar schwer vorstellen, aber offenbar ist der Schritt von einem mehr der weniger geordneten bürgerlichen Leben hin zu einem Zustand der brutalsten Vernichtung *anderer* Menschen im Rahmen einer ständigen Propaganda, einer Gewöhnung an verrohende Sitten und unmenschlicher werdende Handlungen nicht besonders groß. Man schaue sich nur die Grausamkeiten im Zusammenhang mit der Teilung des ehemaligen Jugoslawien an.

Die Vernichtungskampagne der Nazis gegen die Juden in Europa ist mit Sicherheit nicht rational zu erklären. Die Ausgrenzung der Juden hat ja schon viel früher begonnen, wie Sie auch richtig – möglicherweise aber zu pauschal – schreiben. Offenbar ist das Wissen darüber in Deutschland einer kollektiven Vergessenheit anheimgefallen, wie die zum Teil empörten Reaktionen aus dem Munde mancher Historiker und Politiker erkennen lassen. Es ist aber z. B. gesicherte Erkenntnis, daß während des Ersten Weltkriegs die in der Regel freiwillig zum Kriegsdienst sich meldenden deutschen Juden nach und nach verunglimpft, verspottet und schließlich ganz offiziell geächtet und als *deutsch-werden-wollende Erbschleicher* angeprangert wurden. Für mich ist und bleibt die einzige Erklärung für dieses irrationale Phänomen, daß der Jude einfach nicht als *echter* Deutscher verstanden wurde oder werden wollte. Dies gehörte zu den Selbstverständlichkeiten des täglichen Lebens, etwa genauso wie der sonntägliche Kirchgang, sicher aber nicht in allen Bevölkerungskreisen gleichermaßen. Aber irgendwie schwelte beim *gewöhnlichen* Deutschen immer ein gewisses Unbehagen, eine Unsicherheit, vielleicht auch ein Überlegenheitsgefühl gegenüber dem Juden. »Der ist ja Jude«, pflegte meine auf dem Lande wohnende Großmutter zu sagen, obwohl – oder vielleicht auch weil – sie eine fromme, vermutlich bigotte Katholikin war. Sie sagte aber auch: »Der ist ja lutherisch.«

Der für Deutschland verlorene Erste Weltkrieg brachte dann wohl im Zuge der Hungersnöte, der wirtschaftlichen Demontage, des *Ehrverlustes* etc. eine zunehmende Trotzhaltung gegenüber allen *Feinden*, zu denen ganz von selbst der Jude gehörte. Es bedurfte dann nur noch des pathologischen, persönlichen Judenhasses eines starken *Führers*, um nach und nach die humanitären Schranken christlicher Nächstenliebe den Juden gegenüber fallen zu lassen. Geschickt von Hitler getäuscht und gelenkt, entwickelte sich so die offiziell sanktionierte Hetze gegen die Juden, ihre Entwürdigung, Erniedrigung und schließlich Ermordung. Das Perverse an der Geschichte ist leider, wie Sie wissen, daß Hitlers Großeltern Juden waren. Für Sie vielleicht neu ist, daß Hitler seine jüdische Abstammung u. a. dadurch ausradieren wollte, daß er das Dorf seiner Großeltern im österreichischen Waldviertel durch die Einrichtung eines riesigen Truppenübungsplatzes von der Landkarte zum Verschwinden brachte.

Ich bin sicher, daß die überwiegende Mehrheit der Deutschen dem Treiben der Nationalsozialisten (innerlich) nicht zustimmte. Aus Angst vor der Willkür und dem Terror der Gestapo sowie einem in solchen Zeiten krebsartig wuchernden Denunziantentum hat sich aber beim *gewöhnlichen* Deutschen kein ernst zu nehmender Widerstand entwickeln können. Daß es aber doch Widerstand gab, wird zwar vermutet, aber von den Betroffenen meist aus einer gewissen Scham heraus verheimlicht. Es gibt auch heute noch eine große Zahl von meist älteren Deutschen, die den Widerstand gegen das Nazi-Regime, für mich unverständlich, in verdächtiger Nähe zum Vaterlandsverrat betrachten. Seinerzeit wurde jegliche Art von Widerstand brutal unterdrückt und mit dem Tode bestraft. [...]

Mit freundlichen Grüßen
Egon Dorrer

Gräfing, den 29. Oktober 1996

Sehr geehrter Herr Goldhagen,

es geht wohl um zwei Themenkomplexe:

1. War die deutsche Wehrmacht wohl doch nicht so ganz harmlos, was die Greueltaten anbelangt, waren es also nicht nur Angehörige der SS, die sie begingen?
2. War die deutsche Bevölkerung zu passiv, zeigte sie zu wenig Widerstand, wenn sie nun tatsächlich rechtzeitig vom Bösen gegen Juden oder gar vom Holocaust gewußt hat?

Zu 1: Mit Ihnen bin ich, Herr Goldhagen, einer Meinung, daß die ehemalige deutsche Wehrmacht mehr Dreck am Stecken hat, als man hierzulande zu glauben geneigt ist.

Zu 2: War aber die deutsche Bevölkerung zu passiv, zeigte sie rechtzeitig zu wenig Widerstand gegen das deutsche Naziregime?

Dazu einige Fragen an Sie, Herr Goldhagen:

Können Sie sich die Angst vorstellen, die einen Neunjährigen befällt, wenn die Bomben fallen, die Lichter im Schutzraum angehen und die Frauen immer lauter beten?

Können Sie sich die Angst der Dorfbewohner vorstellen, wenn ein Landser, der sich in den letzten Wochen des Krieges versteckt hielt, aufgegriffen und öffentlich aufgehängt wird?

Können Sie sich die Angst vorstellen, die Menschen befällt, wenn sie bald nicht mehr wissen, was sie noch tun dürfen, ohne daß sie dafür vom System mit dem Tode bestraft werden?

Im bequemen Sessel heute abend werden Sie mannhaft beteuern, Sie hätten bis zum Äußersten Widerstand geleistet. Kardinal Newman sagte einmal, man könne eine solch schlimme Situation erst beurteilen, wenn man sich selbst in einer derartigen Situation befunden hätte. Warum hat man in London und Washington den deutschen Widerstand im Stich gelassen?

Wie viele Amerikaner sind auf die Straße gegangen – die USA hatten eine Demokratie –, als Millionen Menschen der Zivilbevölkerung bewußt aus der Luft ermordet wurden? (Die Zivilbevölkerung demoralisieren, nannte man dies in den USA.)

Oder als durch die Benesch-Dekrete Millionen Sudetendeutsche vertrieben wurden und Hunderttausende dabei umkamen?

Oder was haben die Amerikaner dabei gesagt, als ihnen bekannt wurde, daß in den USA umgerechnet 20 Mrd. Reichsmark für die Fertigstellung der Atombombe ausgegeben wurden, die man dann natürlich auch ausprobieren mußte, und wo noch nach einem halben Jahrhundert die Menschen in Hiroshima und Nagasaki darunter leiden müssen?

Sie waren ein freies Land, und teils wurden all die schlimmen Dinge auch veröffentlicht. Andererseits hätte aber auch Ihr Journalismus die Möglichkeit gehabt, sie zu publizieren, im Gegensatz zu der Situation im Nazi-Deutschland.

Herr Goldhagen, Ihr Buch ist einseitig und nicht geeignet, Ihnen Vertrauen für Ihre Recherchen zu schenken. Ich würde aber gerne mit Ihnen über dieses Thema sprechen.

Mit freundlichen Grüßen
Heinrich Schilling

Schechen, den 8. September 1996

Dear Professor Goldhagen!

[...] Mit großem Interesse und viel Sympathie habe ich in
den letzten Monaten in der ZEIT die Kontroversen über Ihr
Buch »Hitler's Willing Executioners« verfolgt. Ich habe die
ausschnittsweise abgedruckten Teile der Einleitung Ihres
Buches, die Kommentare und Kritiken verschiedener Autoren und Ihre leidenschaftliche Antwort vom 2. August gelesen. Doch habe ich bis jetzt weder Ihr Buch gelesen, noch
bin ich ein Historiker, Ethnologe, Anthropologe oder Sozio-
loge, der imstande wäre, irgend etwas zu Ihrem Thema beizutragen. Ich bin ein Chemiker im Ruhestand, und bei
Kriegsende war ich ein Junge von vierzehn Jahren. Aufgrund meiner persönlichen Lebensumstände habe ich weder vor noch während des Krieges etwas über die Verfolgung der Juden erfahren oder gehört, ich kann mich aber
daran erinnern, daß wir als Jugendliche unter dem Einfluß
der nationalsozialistischen Erziehung und Propaganda bös-
artige antisemitische Lieder gesungen haben, ohne über deren Bedeutung weiter nachzudenken. Ich war auch einer jener Hitlerjungen, die den »jüdischen Schneemann« gebaut
haben, dessen Photo am 2. August in der ZEIT veröffentlicht wurde. Vom ganzen Ausmaß der Verfolgung der Juden
erfuhr ich erst viele Jahre nach dem Kriege, und bis heute
erfüllt mich tiefe Scham. [...]

Ohne jeden Zweifel stellt die Ausrottung der Juden im
deutschen Namen eine schreckliche und einzigartige Tat
dar, und Ihre Behauptung überzeugt mich, daß drei Voraussetzungen gegeben sein mußten, um dieses Ereignis möglich
zu machen. Den Beweis, daß es sich hier um ein deutsches
Phänomen handelt, muß ich den Historikern überlassen.
Aber es gibt noch einen anderen Punkt, auf den ich hinweisen will, und der hängt mit dem Begriff »Holocaust« zusammen. Es ist historisch einfach falsch, wenn man behaup-

tet, daß dieser Begriff in seinem modernen Verständnis von Deutschland aus verbreitet worden sei, und dies gilt nicht nur, weil er zuerst von Elie Wiesel in den frühen sechziger Jahren für die Vernichtung der Juden verwendet wurde, sondern weil bereits über vierzig Jahre vorher der Begriff »Holocaust« in amerikanischen und britischen Lexika in seinen beiden Bedeutungen auftauchte, nämlich im alten, biblischen Sinne eines »Brandopfers« und in einer modernen Bedeutung ohne jegliche religiösen Aspekte: »Der Begriff [Holocaust] wird oft in ungenauer Weise auf Katastrophen großen Ausmaßes angewendet, etwa auf große Brände oder Massaker oder Metzeleien.« (Encyclopedia Britannica, 1929). Diese spezielle Interpretation deutet auf ältere Quellen in der Literatur hin, wo die Autoren die ursprüngliche Bedeutung von »holocaustum« verzerrten oder verfremdeten. Nebenbei benutzte auch James Joyce in seinem »Ulysses« »Holocaust« in einem anderen Sinne.

Lieber Herr Professor Goldhagen, mißverstehen Sie mich bitte nicht. Es geht mir nicht darum, Ihre These in irgendeiner Weise zu kritisieren, und genauso wenig *will ich die Verantwortlichkeit und die Schuld der Deutschen* für ihre Verbrechen während der Hitler-Diktatur *verkleinern*. Wenn man sich weigert, für diese Verbrechen den Begriff »Holocaust« zu verwenden, bedeutet dies nicht, daß man das Ereignis herunterspielen will. Aber ich meine, wenn es um große und wichtige Dinge geht, sollte man mit korrekten Begriffen arbeiten. Ich hoffe überzeugend dargelegt zu haben, daß der Holocaust nicht nur ein unpassender Ausdruck für die Vernichtung der Juden, sondern auch dem Gedächtnis der unzähligen Opfer unangemessen ist.

Yours faithfully
Dr. Günther Kießling

Hamburg, den 4. Oktober 1996

Sehr geehrter Herr Goldhagen,

ich habe Ihr Buch gelesen, allerdings bin ich Shoa-Forscherin und habe darüber gute Kenntnisse, aber Ihr Buch hat meine volle Zustimmung, weil es den Sachverhalt so schonungslos darlegt.

Ihr Buch war absolut notwendig, und es ist – so wie es ist – sehr gut. Das ist auch die Meinung meines 89jährigen, langjährigen jüdischen Lebensgefährten (Auschwitzüberlebender mit der Nr. 105041).

Ich bewundere sehr, wie gelassen Sie die Angriffe der Kritiker gegen Ihr Buch ertragen. [...] Daß hier in Deutschland solch ein Aufschrei der Entrüstung über Ihr Buch ausgebrochen ist und daß es eine solche Diskussion ausgelöst hat, liegt sicher daran, daß der vor 1933 in Deutschland schon stark vorhandene Antisemitismus auch noch in meiner Generation – ich bin 68 Jahre alt – zu erkennen ist, wenngleich er auch von vielen geleugnet wird.

Von einer Umerziehung nach 1945 weiß ich nichts. Ich bin in Berlin-Charlottenburg groß geworden. Charlottenburg gehörte zum britischen Sektor.

Ich vermute, daß meine Generation sich in aller Heimlichkeit hin und wieder in ihre Vätergeneration hineindenkt und dann wütend wird; daß sie merkt, sie hätte nicht anders gehandelt als ihre Mütter und Väter, wäre sie in deren Lage gewesen. Und daher dieser Aufschrei; er ist psychologisch zu erklären.

Wie gesagt: Ich bin in Berlin groß geworden. Aus meiner Kindheit kenne ich nur sehr wenige Leute, die völlig unvoreingenommen Juden gegenüber waren. Bei der großen Masse der Deutschen war die Aversion nicht einmal richtiger Judenhaß, sondern ein undefinierbares Fremdheits- und Angstgefühl gegenüber den Juden.

Ich bin froh und sehr dankbar, daß ich bei meiner Großmutter, einer Pianistin und Clara-Schumann-Schülerin, aufgewachsen bin. Sie war ein sehr toleranter Mensch. Sie erzog mich zu Toleranz allen Menschen gegenüber, so daß ich in meinem Zuhause keinen Antisemitismus noch sonstigen Fremdenhaß erlebt habe.

Den erlebte ich aber in Familien von Freundinnen, vor allem aber im evangelischen Kindergottesdienst. Öfter kamen Judenmissionare zu uns in die Sonntagsschule und erzählten viel von ihrer Arbeit, der Bekehrung von Juden. (Das geschah offenbar auch noch zwischen 1933 und 1938.) Diese Judenmissionare ließen nicht viel Gutes an den Juden, die sich von ihnen nicht zum Christentum bekehren ließen. (Die Judenmission – 1822 in Preußen gegründet und von den jeweiligen Herrschern sehr begünstigt – hat auch viel zum Antijudaismus beigetragen. Judenmissionarische Texte und Schriften, die ich mir vor Jahren über den Leihverkehr unserer hiesigen Universitätsbibliothek zukommen ließ, beweisen das.) [...]

Ich wehre mich übrigens energisch dagegen, daß meine Generation, falls sie in Berlin aufgewachsen ist wie ich, behauptet, sie alle seien zu jung gewesen, um etwas von dem wahrzunehmen, was den Juden angetan wurde.

Ein zehnjähriges Mädchen konnte sich durchaus schon Gedanken darüber machen, warum 1938 Berliner Synagogen brannten und später als Ruinen zu sehen waren. Ein zehnjähriges Mädchen mußte in Berlin-Charlottenburg am Morgen nach der Pogromnacht die rote Farbe auf den Straßen und die Pfeile in Richtung der Häuser, wo Juden wohnten, sehen! Jedenfalls in unserer Gegend am Kaiserdamm. Das sage ich auch immer meinen Freundinnen, die in meiner Umgebung wohnten und angeblich nichts gesehen haben!

Ein 13jähriger Mensch konnte sich durchaus 1941 Gedanken darüber machen, warum die Juden nun »gezeich-

146

net« rumlaufen mußten. Ich hatte noch 1940 meine allererste Schulfreundin Erika Blochert wiedergetroffen und mit ihr geredet. Sie hatte mich gebeten, nicht mit ihr zu sprechen, weil sie und ich das nicht dürften. Diese Äußerung hat mich sehr zum Nachdenken gebracht! Warum durfte ich nicht mit ihr sprechen? Niemand in der großen Stadt wußte doch, wer wir waren!

Und ab 1943 konnte ein 15jähriger Jugendlicher durchaus wahrnehmen, daß den Juden nach und nach die Lebensgrundlage entzogen wurde. Man durfte nicht mehr zu dem Zahnarzt gehen, der einen von klein auf betreut hatte. Die Juden hatten weniger Lebensmittelkarten – das sah man doch, wenn man zufällig neben ihnen im Geschäft stand. Juden mußten im Lietzensee-Park auf gelb gestrichenen Bänken sitzen, auf denen zu lesen stand »Für Juden«. Außerdem konnte man durchaus »Gezeichnete« sehen, die bedrückt und zur Erde schauend an den Häuserwänden entlangschlichen und nicht aufschauten, wenn man sie grüßte. Ja, einmal hat mir eine Dame das sogar verboten. Und schließlich machte man sich doch als geistig wacher Mensch Gedanken, als die, die man sonst noch traf, nicht mehr zu sehen waren. Allerdings bekam ich auf Fragen, warum die denn alle »weggezogen« seien, von Erwachsenen als Antwort, daß man in Polen – um Litzmannstadt herum (das ist Lodz) – alle deutschen Juden ansiedeln wolle.

Berliner Jugendlichen meines Alters mußten all diese Vorkommnisse doch zu denken geben, und jeden Jugendlichen hätte es befremden müssen, daß er/sie darüber nicht mit den Erwachsenen reden konnte, denn auch die nächsten Bekannten und Freunde blockten ab. Mir fehlte in dieser Zeit meine Großmutter sehr, die kurz nach Kriegsausbruch 1939 gestorben war.

Ich kann nur immer wieder betonen: Kein zu damaliger Zeit in Berlin aufgewachsener, mit mir gleichaltriger Mensch darf heute behaupten, er habe nicht gesehen, daß die Juden rechtlos waren. Aber ich hatte damals den Eindruck, ein großer Teil der jungen Leute nahm nicht Anteil am Schicksal der Juden.

Ich gehe sehr viel weiter in meinem Verständnis von Mittäterschaft: In den Diskussionen in den letzten Tagen im Fernsehen war die Rede von etwa 500 000 »willigen Helfern«. Da ist es schon berechtigt, »die Deutschen« zu sagen. Aber es gaben ja viel mehr den Tätern die Möglichkeit, diese Taten zu tun. Wenn ich an eigene Erlebnisse denke, empfinde ich tiefe Scham, obgleich ich doch damals ein Kind und eine Jugendliche war. Das weiß auch mein Lebensgefährte, daß ich all jene Eindrücke nicht vergessen kann.

Ja, »die Deutschen« kann man durchaus sagen. Die meisten beweisen es ja heute noch immer! Es gibt in Deutschland noch eine ganze Reihe von Konzentrationslagerüberlebenden. Sie sind nun sehr alt und zum Teil einsam. In Großstädten leben sie vielleicht in Altenheimen zusammen, denn dort gibt es jüdische Altenheime. Hier aber in ein Altenheim zu gehen käme für einen Auschwitzüberlebenden doch gar nicht in Frage. Dort wäre er ja gerade mit denen zusammen, die damals weggeguckt oder mitgemacht haben.

Ich kann hier nur meinen Wohnort Paderborn als Beispiel nennen. Ganz selten geschieht es, daß jemand bei meinem Lebensgefährten anruft oder nach seinem Ergehen fragt, und dann sind es auch nur Vereinzelte, die der Christlich-Jüdischen Gesellschaft angehören. Als Durchschnitt nenne ich ungefähr zweimal im Jahr. Ist das »kümmern«?

Auch das ist Weggucken.

Im Falle meines Lebensgefährten ist es ja nun nicht so dringlich, denn er hat ja mich. Ich hatte den stellvertretenden Bürgermeister gebeten (muß man da eigentlich erst bitten?), wenigstens am 89. Geburtstag bei meinem Lebensgefährten einen kurzen Besuch zu machen. Auch das ist nicht geschehen, obgleich der Mann in der Christlich-Jüdischen Gesellschaft ist.

Das ist Weggucken!

Ich wünsche Ihnen für Ihr Buch den erzieherischen Erfolg, den ich ihm trotz allen Widerspruchs in Deutschland erhoffe, und Ihnen wünsche ich viel, viel Gutes.

Ich grüße Sie freundlichst.
Hannelore Noack

Paderborn-Wewer, den 7. September 1996

Sehr geehrter Herr Professor,

als Wissenschaftler sollte man seine erdachten Prämissen nicht als Ergebnisse von Forschungen ausgeben. Leider aber wird dieser Grundsatz in der Historie wohl nur noch selten angewandt, da die Historiker nur allzu häufig stärker von Ehrgeiz und persönlichen Gefühlen geleitet werden als von Verantwortung gegenüber ihrem »Forschungsgegenstand«. Wenn die Verantwortung des einzelnen Wissenschaftlers nicht mehr ausreicht, um die nötige Objektivität zu gewährleisten, dann kann aus politisch-historischer Wissenschaft leicht Propaganda werden.

Jeder, der den Nationalsozialismus in Deutschland als zentrales politisches Thema seines Lebens erlebt hat, wußte doch von Beginn an, daß Hitler »willige Vollstrecker« seiner Tyrannis hatte, ja haben mußte, die er ja vorsätzlich in eigenen Verbänden unter dem ausdrücklichen Versprechen, ihnen nach der Machtübernahme eine »Nacht der langen Messer« zu gewähren, herangezogen hatte. Das ist doch nichts Neues.

Als ich mit sechs Jahren täglich meinen Schulweg durch das entsprechende Viertel nehmen mußte, wo sich die Kampftruppen der SA und die der Bolschewisten ihre Straßenschlachten lieferten, da wußte ich doch, wie sie aussahen und was sie taten, nämlich mit Gewalt und Terror die Menschen zu beherrschen und auch davor nicht zurückzuschrecken, Kinder zusammenzuschlagen, wenn diese besser angezogen waren und nicht rechtzeitig ihren Schlägertrupps entkamen.

Es war auch damals schon dieselbe Uniform, die auch in Ihrem Buch erscheint, aber dort fälschlicherweise als Uniform eines Wehrmachtangehörigen bezeichnet wird. Dieses Bild zeigt leider, wie oberflächlich und fahrlässig Sie sich mit dem ganzen Thema befaßt haben. Als Historiker durfte Ihnen dieser Irrtum nicht passieren, denn nun haben gerade die Mörder wieder ein Motiv, sich aus der Verantwortung zu stehlen.

Als Deutscher, der ich meine gesamte Kindheit in einem von Deutschen mosaischen Glaubens bewohnten Haus verbrachte und weiß, welchen erbitterten Kampf meine Mutter darum führte, daß der nach 1933 einsetzende Terror vor den Türen des Hauses haltmachte, wehre ich mich dagegen, mit jener Gruppe von Judenhassern in einen Topf geworfen zu werden, die Sie als für uns Deutsche typisch ausgemacht zu haben glauben.

Meine Tanten mosaischen Glaubens wurden von meiner Mutter bis zu deren Abtransport – angeblich nach Südfrankreich, in Wahrheit aber nach Theresienstadt – menschlich und materiell unterstützt, soweit dies nur immer möglich war, und mir ist kein einziger Fall bekannt, wo in meiner Klasse meine Mitschüler mosaischen Glaubens irgendwelchen Repressalien oder Gemeinheiten ausgesetzt gewesen wären.

Das, was Sie da als »willige Vollstrecker« schildern, war ein Teil unseres Volkes, den wir selbst wie die Pest fürchten mußten, und ihre Uniformen haßte ich schlimmer als die Uniformen aller Feinde, denen ich als Soldat begegnete, denn sie standen ja direkt hinter der Front und kontrollierten alle Bahnhöfe. Da genügte schon ein falsches Wort oder ein falscher Stempel im Paß, und man wurde »aus dem Verkehr gezogen«, wie dies damals hieß.

Was Theoretiker wie Sie immer verwechseln, sind die Mitglieder einer angeblich existenten jüdischen Rasse oder auch eines den Deutschen fremdartigen jüdischen Volkes mit jenen Deutschen jüdischen, besser mosaischen, Glaubens, die ebenso wie ich auch deutsche Staatsbürger waren mit gleichen Rechten und Pflichten.

Sie folgen damit genau jenen Vorgaben, die die Nazis propagandistisch in die Welt setzen mußten, um einem dummen, durch Hunger, Verachtung und Elend leidenden Volke, das die Nazis als Retter begrüßte, jenen Erzfeind zu liefern, dem das Volk angeblich alles Elend dieser Jahre verdankte. Natürlich waren das Deutsche, denen man diese barbarische Kost geboten hat, die auch bereitwillig von diesen angenommen wurde, und ich schäme mich dafür, daß es genügend waren, um damit das ganze übrige Volk zu beherrschen.

Aber es ist töricht und falsch, diesen Teil der Deutschen als für die Deutschen schlechthin signifikant auszuzeichnen, denn die in Deutschland Anfang dieses Jahrhunderts hervorgebrachte Kultur war wesentlich durch das gemeinsame geistige Ideal zwischen den Deutschen freiheitlicher, auch religiöser Einstellung auf der einen Seite und unseren Mitbürgern mosaischen Glaubens auf der anderen Seite gekennzeichnet. Diese bekannten sich gerade durch die Lö-

sung von der Indoktrination der eigenen jüdischen Ortho-
doxie zu einem gemeinsamen abendländisch freiheitlichen
Menschentum!

Die Zerstörung dieses Menschentums war das erklärte
Ziel der Nazis, und leider haben sie dieses Ziel auch völlig
erreicht. Aber es heißt doch, Wasser auf die Mühlen gerade
dieser Nazis zu gießen, wenn geistige Menschen, zu denen
ja auch Sie gehören, so tun, als habe es neben den Kostgän-
gern nationalsozialistischen Unrechts nicht all die vielen gegeben, die sich gegen die Versklavung und Erniedrigung zur
Wehr gesetzt haben. Das Argument, daß es viel zu wenige
gewesen seien und ihr Widerstand nicht ausreichend, ist
doch gar kein Argument, denn wie Sie genau wissen, sind
innerhalb aller Völker dieser Erde die Einsichtigen, aber
Schwachen, noch niemals dem Terror der gewalttätigen wenigen gewachsen gewesen, wofür die Todesfabriken in Rußland ebenso den Beweis liefern wie die in Südamerika oder
sonstwo.

Da ich diesen Terror am eigenen Leibe und auch durch
meine Familie gespürt habe, weiß ich sehr wohl, wovon ich
rede. Gut, ich war auch Soldat und damit beteiligt an der
Unterdrückung der Völker und Religionen Europas. Nur
die Antwort auf die Frage, ob ich denn eine andere Wahl gehabt hätte, wird dadurch nicht gegeben, und so zu tun, als
gäbe es dazu überhaupt eine Antwort, halte ich für einen
lächerlichen Unsinn. Auch wenn Politiker oder Moralisten
und gelegentlich auch Historiker so tun, als könnte dies der
Fall sein.

Mit freundlichen Grüßen
Dr. Dietrich Schuster

Frankenthal [ohne Datum]

152

Lieber Daniel J. Goldhagen,

nach den teilweise heftigen Reaktionen berufener und unberufener Kritiker in unseren Medien auf das Erscheinen Ihres Buches in den USA habe ich die deutsche Ausgabe mit Spannung erwartet. Ich lese sehr aufmerksam darin. Die nicht durchgehende Numerierung der Anmerkungen erfordert häufiges Nachschlagen. Dennoch – es ist ein aufregendes und notwendiges Buch!

Die Fernsehdiskussionen mit Ihnen in unseren Sendern ARD und ZDF haben gezeigt, daß Sie den Nerv getroffen haben. Daß Ihre Gesprächspartner nicht immer das nötige Niveau hatten, war ein Mangel. Ignaz Bubis war sichtlich überfordert und Erich Mende eine Fehlbesetzung, was allerdings durch Giordano wieder wettgemacht wurde. [...]

Daß die Täter den Massenmord billigten und bereitwillig daran teilnahmen und ihre Zustimmung im wesentlichen von dem Bild bestimmt war, das sie von den Juden hatten (Kapitel 16), darin stimme ich Ihnen zu.

Ob allerdings der Antijudaismus/Antisemitismus der Deutschen im neunzehnten Jahrhundert sich wesentlich unterschieden hat von dem anderer Völker, etwa Osteuropas, ist fragwürdig. Uns Heutige trennen hundert Jahre von dieser Zeit.

Die Literatur als Beweis genügt nicht, sei sie auch von »beispiellosem Umfang, niederträchtigem Ton und geifernd mordwütig«. In der umfangreichen deutschen Literatur des neunzehnten Jahrhunderts war sie nur ein Teil. Wo zur Vernichtung der Juden aufgerufen wurde, ist im Gegensatz zu anderen Ländern kein Jude erschlagen worden. Jenes Jahrhundert war für die Juden in Deutschland das Jahrhundert der Emanzipation. Wo sonst hätte es die »Gruppe von wohlhabenden, wirtschaftlich und kulturell relativ gut integrierten Bürgern« (S. 494) geben können? [...]

Anders wurde es nach dem verlorenen Ersten Weltkrieg, als sich ein neuer Antisemitismus formierte und in Hitlers, von Lueger mitgeformtem, wienerisch-bajuwarisch, katholisch-antisemitisch geprägtem Weltbild programmatisch wurde. Er würde nicht in so schrecklicher Weise geendet haben, hätten nicht Besitz- und Bildungsbürger sich diesen Antisemitismus zu eigen gemacht, und zuletzt auch große Teile der Arbeiterschaft, ganz abgesehen von der beschämenden Rolle der christlichen Großkirchen. Die Freisetzung niedrigster Instinkte durch ständige negative Beeinflussung trug schnell Früchte und machte aus den Deutschen ein Volk der Anpasser.

Für sein Fortkommen entledigt sich der Mensch notfalls nicht nur der Kleider, sondern auch seines Gewissens. Verführer stehen genügend bereit, Täter finden sich immer, an Opfern wird es nie mangeln. Hoffen wir, daß nicht alle Jahrhunderte ein solches Buch geschrieben werden muß, wie Sie es taten. [...]

Was wußte ich denn, der ich 1927 geboren bin und 1933 eingeschult wurde? Im Vorfeld der Regierungsübernahme durch die Nationalsozialisten wurde durch kommunistisch oder sozialdemokratisch eingestellte Arbeitslose, welche teilweise bettelnd über Land zogen, vor Hitler gewarnt: »Hitler bedeutet Krieg!« Was Krieg war, hatte man durch die Erzählungen der Kriegsteilnehmer gehört, die im Gegensatz zu den Teilnehmern des Zweiten Weltkrieges nicht sparten mit drastischen Schilderungen.

1933 begann sich auch auf dem Dorf der Nationalsozialismus zu regen. Man sah Armbinden, hier und da Fahnen, einzelne Uniformteile, marschierende und schwitzende SA-Gruppen mit Tornistern, auch Jungvolk und HJ. Unter die Zollbeamten mischten sich hier und da schon SS-Männer.

Es mag 1934 gewesen sein, daß ein einheimischer Arzt

in der Gaststätte berichtete, in einem Lager Papenburg würden Menschen an einen Pfahl gebunden und erschossen – diese Lager hießen »Konzertlager«. Bis 1936 kaufte mein Vater sein Rindfleisch beim jüdischen Fleischer, der uns dafür Innereien als Hundefutter lieferte, die von einem jüdischen Fleischergesellen (mit dem ich heute noch Briefverkehr habe) per Fahrrad angeliefert wurden. Die Pogromnacht des November 1938 erlebte ich als Elfjähriger nicht unmittelbar, jedoch sah ich die Folgen: zerstörte Synagogen, zerstörte Fensterscheiben und eingeschlagene Türen, dazu einen merkwürdigen Brandgeruch. Zwei erbarmungswürdige jüdische Schüler, jünger als ich, sind mir als auf dem Schulhof stehend noch im Gedächtnis haftengeblieben.

Durch die Mitgliedschaft im Deutschen Jungvolk (auf dem Dorfe waren die wenigsten Jungen uniformiert) und die Lehrer in der Schule wurden wir antisemitisch beeinflußt, der eine mehr und der andere weniger, je nach Elternhaus. Ich erinnere mich an Märsche durchs Dorf, bei denen auch ich antisemitische Lieder sang. (Vater hätte es nicht sehen oder hören dürfen.) Ich bemerkte bei Einkäufen eine Benachteiligung jüdischer Hausfrauen. Ein Stürmer-Kasten verbreitete Antisemitismus. (Er wurde einmal zerschlagen in der Nacht, an eine Wiederherstellung erinnere ich mich nicht.)

1941 erfolgte die Deportation der jüdischen Bewohner im Morgengrauen. Sie seien nach Osten geschickt worden, hieß es. Die Wohnungen wurden bald von anderen Bewohnern bezogen, von der Versteigerung jüdischen Besitzes habe ich erst nach dem Kriege gehört. Da ich einer religiösen Minderheit angehörte (evangelisch), war mir der Zugang zu gewissen Informationen verwehrt, da diese nach dem Hochamt in der katholischen Kirche gehandelt wurden.

Von 1942 bis 1944 besuchte ich eine Berufsschule in der Nachbarkreisstadt, deren Rektor ein Judenhasser war und später mein Klassenlehrer wurde. Von den Juden sprach er grundsätzlich als den »Rabattentramplern«. In dieser Zeit wurde der hiesige katholische Vikar im Zusammenhang mit den Hirtenbriefen des Bischofs von Münster bei Nacht und Nebel von der Gestapo verhaftet und bis Kriegsende im Konzentrationslager Dachau festgehalten. Das erregte großes Aufsehen im Dorf. Als er nach der Befreiung seinen Dienst wiederaufnahm, herrschte große Freude, er stieß jedoch teilweise auch auf Ablehnung.

1944 wurde ich Luftwaffensoldat und bezog die Luftnachrichten-Kaserne in Augsburg-Pfersee. Dort war in einer Kraftfahrzeughalle ein Außenlager des Konzentrationslagers Dachau installiert. Die Wachmannschaften trugen Luftwaffenuniform und waren zu erkennen an den fehlenden Kragenspiegeln. Von den Vorgesetzten und Ausbildern wurden wir belehrt, es handle sich bei den Häftlingen um »Juden und Ostvölker«; uns war jeglicher Umgang untersagt, und der betonierte Platz vor der großen Halle wurde gesichert durch zwei Posten in der oben beschriebenen Uniform, welche jeweils ein aufgebocktes leichtes Maschinengewehr bewachten. Von den Häftlingen war wenig zu sehen auf eine Entfernung von etwa dreißig bis vierzig Metern, da diese zu Aufräumungsarbeiten nach den Luftangriffen auf Augsburg beordert wurden. Lediglich Küchenabfälle sah man und einzelne Häftlinge in gestreifter Kleidung. Es kam einmal zu einem Gespräch mit einem Häftling, der auf dem Kasernengelände einen Splitterschutzgraben aushob, als wir wegen einer Gasmaskenübung vor dem Übungsraum warten mußten. Rücken an Rücken teilte uns der Häftling mit, er sei aus dem Ruhrgebiet.

Etwa im Oktober 1944 war es, als ein älterer Obergefreiter bei der Errichtung von Feldstellungen in der Nähe des Reichswaldes (Niederrhein) während einer Pause von Erlebnissen in Rußland berichtete. Er habe gesehen, daß Menschen nach Ablegen ihrer Kleidung auf einem Feldflughafen durch Maschinengewehrschüsse getötet worden seien. Der unsere Gruppe befehlende Unteroffizier – ein alter Kolpingbruder – sagte daraufhin, wir sollten nicht auf den Mann hören, es sei ein »Roter«. Der Obergefreite war rothaarig und wahrscheinlich früher Kommunist gewesen.

Während meiner Lazarettaufenthalte lernte ich einen an sich sehr schweigsamen Soldaten kennen, der als ehemaliger Bomberpilot bei einer Strafkompanie im hohen Norden eingesetzt war. Er berichtete von Erschießungen durch Vorgesetzte, wenn Angehörige der Strafkompanie bei Eiseskälte und hohem Schnee infolge Schwäche sich nicht mehr fortschleppen konnten.

Zusammenfassend möchte ich sagen, daß ich zwar als Angehöriger einer Minderheit vielleicht über größere Sensibilität verfügte, daß es dennoch vielen Deutschen nicht verborgen bleiben konnte, was in Wirklichkeit geschah. Wer in seiner Umgebung jüdische Familien wohnen hatte, wer in der Nähe von Bergen-Belsen oder Oranienburg oder einem anderen Lager lebte, dem konnte, wenn schon nicht der Anblick, doch das Wissen um das Dasein der Häftlinge nicht verborgen bleiben. Daß auch in den Dörfern des katholischen Münsterlandes Täter lebten, die polnische junge Männer wegen Liebesbeziehungen zu deutschen Frauen strangulierten, daß auf die Frage eines älteren Mannes an einen SS-Mann aus dem Dorfe, was er denn im Osten »mache«, dieser erwiderte: »Chaijmkes dodmaken!« (»Juden töten!«), läßt doch den Schluß zu, daß neben Nichtwissen auch viel Wissen vorhanden war. [...]

Daß ich Ihnen nicht in allem zustimme, wird Sie nicht überraschen. Betrachten Sie es als eine vox populi! Ich sehe in dem Buch eine außergewöhnliche Leistung und würde es gern auf jedem deutschen Gabentisch zu Weihnachten sehen.

Herzliche Grüße von Kontinent zu Kontinent
Ihr *Ernst Brunzel*

Südlohn in Westfalen, den 9. November 1996

Dear Mr. Goldhagen,

vor einigen Tagen hörte ich ein Interview mit Ihnen im National Public Radio über Ihr Buch »Hitler's Willing Executioners«. Unglücklicherweise kann ich mir Ihr Buch nicht einfach kaufen, was ich sonst getan hätte, da ich erblindet bin und seit Jahren nicht mehr selbst lesen kann. So wie ich Sie jedenfalls verstanden habe, scheint es so, als ob die »willigen Vollstrecker« als eine Schöpfung Hitlers angesehen werden. Dies ist bestimmt nicht der Fall. Und falls ich recht habe, würde ich gern erklären, warum ich dieses Gefühl habe.

Ich wurde vor 94 Jahren in Deutschland geboren. Ich bin Jüdin und lebte dort bis 1938. Ich kann Ihnen versichern, daß der Nazi-Antisemitismus nichts war, was von Hitler neu erfunden wurde. Antisemitismus war in den vergangenen 1900 Jahren immer präsent, worin wir uns sicherlich einig sein werden. Auch physische Verfolgung hat es immer gegeben. […]

Ich möchte einige persönliche Erfahrungen schildern. Einer der führenden radikalen Antisemiten zu meiner Zeit war Dr. Hammer. Er gab eine eigene Zeitung heraus, die jeden Tag öffentlich vor dem Zeitungshaus aushing und schreckliche Karikaturen von Juden beinhaltete. (Ich bin sicher, daß Sie darüber Bescheid wissen.)

Unsere Universität lud ihn zu einem öffentlichen Vortrag. Dorthin ging ich mit meiner Mutter. Die Zuhörerschaft bestand aus der ganzen dortigen Beamtenschaft, eines Großteils der Professoren, Hunderten von Studenten usw. Nicht weit von mir entfernt sah ich den Direktor meiner Schule und meinen Klassenlehrer sitzen, beide hatten einen Doktortitel. An einer Stelle sagte Dr. Hammer: »Wenn ein Deutscher einen Juden tötet, begeht er keinen Mord, er macht sich um sein Vaterland verdient.« Dem wurde von allen Seiten applaudiert, und viele der Zuhörer fingen an, miteinander zu sprechen oder zu lachen, auch die beiden Lehrer meiner Schule. Am nächsten Morgen war ich sehr früh dran, und bevor ich das Schulgebäude betrat, stand ich draußen und unterhielt mich mit einigen meiner Freunde. Es war die Regel in unserer Schule, daß die Schüler zuerst grüßen mußten, wenn ein Lehrer vorbeiging. Unser Lehrer war schon ein paar Schritte vor uns. Er drehte sich um und sagte zu mir: »Warum haben Sie mir nicht ›guten Morgen‹ gesagt?« Ich antwortete: »Ich habe Sie gestern abend in der Universität gesehen.« Daraufhin sah er mich so haßerfüllt an, daß ich es bis heute nicht vergessen habe. Er sagte: »Wir sprechen uns später drinnen.« Er ging hinein, und wir folgten.

Wir kamen in unseren Klassenraum, und er trat einige Minuten später ein; wir mußten stehend neben unseren Pulten warten, bis er uns erlaubte, Platz zu nehmen. In der letzten Reihe hinter uns gab es noch freie Pulte. Er befahl mir, mich dort hinzusetzen und das Ende der Stunde abzuwarten. Er sagte mir auch, daß ich nicht am Unterricht teilnehmen dürfe und daß wir anschließend zum Direktor gehen würden, was wir dann auch taten. Er erzählte dem Direktor, was passiert war, und der Direktor sagte zu mir, daß ich mich bei Dr. E. zu entschuldigen habe. Ich sagte, daß ich das nicht tun würde. Beide drängten mich zu einer Entschuldigung, und als ich diese ablehnte, drohten sie mir, daß ich von der Schule fliegen würde. Ich weigerte mich immer noch. Ich wurde nach Hause geschickt und sollte auf einen Bescheid von ihnen warten. Das machte ich. Nach ungefähr zwei Wochen erhielten meine Eltern einen Brief von der Schulbehörde mit der Aufforderung, mit mir dorthin zu kommen. Der verantwortliche Beamte war ein älterer Mann und sagte: »Wenn Sie sich entschuldigen würden, wäre alles vergessen.« Meine Klassenkameraden wollten mich wieder zurückhaben. Ich blieb dabei: »Nein, ich werde mich nicht entschuldigen.« Er bat meine Eltern, mich dazu zu bewegen. Meine Eltern entgegneten: »Nein. Das ist ihre Entscheidung.« Der Beamte fuhr fort, mich darum zu bitten, so daß ich schließlich einlenkte. »Ich werde einen Brief schreiben. Bitte geben Sie mir einen Bogen Briefpapier.« Den bekam ich, setzte mich hin und schrieb an den Direktor meiner Schule. Ich wäre traurig über das, was in der Universität passiert ist, und auch über die Dinge, die sich am folgenden Tag in der Schule ereignet hätten. Danach bekam ich die Erlaubnis zurückzukehren, und ich lehnte sie ab. (Es war nur einige Wochen vor dem Abitur.)

Alles, was Hitler getan hat, wollte eine große Mehrheit der Deutschen. Deshalb sage ich, daß es nicht allein Nazi-Antisemitismus war. Ich behaupte: Es war deutscher Antisemitismus. […]

Ich habe das Gefühl, daß Sie dies alles wissen, meine persönlichen Erfahrungen natürlich ausgenommen. Abgesehen davon also betrachten Sie diesen Brief bitte als einen Versuch, Ihr Gedächtnis aufzufrischen.

Regards
Helene Preminger

Los Angeles, den 22. August 1996

VI.

*»Ich nehme ihn nicht an,
Ihren Urteilsspruch«*

Die Schuldfrage

Dear Dr. Goldhagen,

nachdem ich gerade die Lektüre Ihres Buches »Hitler's Willing Executioners: Ordinary Germans and the Holocaust« beendet habe, fühle ich mich veranlaßt, Ihnen zu schreiben, wie es sicher bereits viele andere getan haben. Ich hoffe, daß Sie trotz Ihrer Berühmtheit Ihre Post noch selber lesen und gelegentlich Zeit für eine Antwort finden.

Zunächst möchte ich Ihnen über meinen Hintergrund berichten: Ich zähle – oder zählte – zu Ihren ganz gewöhnlichen Deutschen, wenn ich auch persönlich am Holocaust nicht beteiligt war. Als Hitler zum Reichskanzler gewählt wurde, war ich erst fünf Jahre alt. Weder meine Eltern noch sonst irgendeiner aus dem weiteren Familienkreise gehörte der Partei an. Aber wie die meisten Kinder meines Jahrgangs trat ich mit zehn Jahren in die Hitlerjugend ein, sah in Hitler den »Führer«, der gleich hinter Gott rangierte, und im Nationalsozialismus unser Glaubensbekenntnis. In meiner Heimatstadt Weinheim in Baden gab es nur wenige Juden, und ich hatte für kurze Zeit auf dem Gymnasium eine jüdische Mitschülerin, dann beschloß deren Familie, unmittelbar vor der Kristallnacht, in die Schweiz zu emigrieren.

Ihr Buch hat mich sehr traurig gemacht, weil mich so vieles persönlich berührte; seit 1949 lebe ich in den Vereinigten Staaten, da ich nach dem Kriege einen Besatzungssoldaten geheiratet habe. Zwar bin ich hier mit offenen Armen empfangen worden, aber es bedeutet doch eine schwere Last, Bürger eines Landes zu sein, das sich ein so entsetzliches Verbrechen wie den Holocaust hat zuschulden kommen lassen. In den letzten fünfundzwanzig Jahren habe ich zahllose Bücher zu diesem Thema gelesen, und doch bin ich der Antwort auf die Frage nicht nähergekommen, wie denn ein derartiges Verbrechen geschehen konnte, begangen von einem Volk, auf dessen Kultur ich einst sehr stolz gewesen bin. Ich weiß nicht, ob Ihre Theorie richtig ist, der zufolge der Antisemitismus die einzige Ursache des Holocaust darstellt: Eine Reihe von Rezensionen in seriösen Zeitschriften scheint einigen Zweifel daran zu wecken. Doch wie dem auch sei, der Antisemitismus war ganz sicher eine wichtige Ursache. Als ich zum erstenmal hierherkam, hatte ich zwei Schulbücher aus meinem Deutschunterricht dabei, und erst kürzlich habe ich sie in einer Kiste mit alten Büchern wiederentdeckt. Es lag sicher an der Lektüre Ihres Buches, daß ich sie durchgeblättert habe, um nach Beweisen für den Antisemitismus zu suchen, und zu meinem Schrecken und meiner Überraschung fand in eine Geschichte mit dem Titel »Ein Trödeljude vor hundert Jahren«, die genau einer Ihrer Feststellungen über den Antisemitismus im neunzehnten Jahrhundert entspricht (S. 88 f.). Selbst wenn diese Geschichte erst 1940 geschrieben wurde, steckt sie doch voller beleidigender Klischees von der Art, wie Sie sie beschrieben haben, und ist ganz sicher typisch für die Ansichten, die im Dritten Reich propagiert wurden.

Die christliche Kirche hat, wie Sie es richtig darstellen, ebenfalls ihren Anteil an dem, was vorging. Ihre Bemerkungen über Martin Niemöller und Karl Barth haben mich besonders erschüttert, werden diese beiden Theologen doch in der protestantischen Kirche deshalb besonders verehrt, weil sie sich gegen Hitler gestellt haben. In der Überzeugung, beweisen zu können, daß Sie in diesem Fall unrecht haben, habe ich die sogenannte Barmer Erklärung [der Bekennenden Kirche] noch einmal durchgelesen, an deren Formulierung Niemöller und Barth beteiligt waren, und ich muß zugeben, daß auf die Judenfrage hier gar nicht eingegangen wird: Allerdings könnte man dem möglicherweise entgegenhalten, daß die Tagung im Mai 1934 stattfand, als die wirkliche Verfolgung der Juden noch nicht begonnen hatte.

Lieber Herr Dr. Goldhagen, mit Worten lassen sich mein

Kummer und meine Scham über das, was meine Landsleute den Juden antaten, gar nicht ausdrücken. Ich weiß nicht, wie der »gewöhnliche Deutsche« heute zum Holocaust steht, denn ich habe nur noch über meine Schwester Verbindung zu dem Land. Als ich letzthin bei einem geselligen Zusammensein erwähnte, daß ich Ihr Buch als eine Art von Selbstbestrafung lese, da lief die einmütige Meinung der Anwesenden darauf hinaus, daß ich nicht mehr Schuld auf mich geladen hätte als alle anderen Anwesenden oder die amerikanische Regierung, weil auch sie alle nichts unternommen hätten, um die Tragödie zu verhindern. Unglücklicherweise kann ich mir selbst nicht so leicht die Absolution erteilen; ich kann meine Verblendung durch die Hitlerjugend nicht vergessen, in meinen dunkelsten Augenblicken frage ich mich oft, was denn gewesen wäre, wenn … die ganze Angelegenheit ein anderes Ende genommen hätte; was denn geschehen wäre, wenn eine ganze Generation von uns, die mit der nationalsozialistischen Ideologie aufwuchs, erwachsen geworden wäre. Der Gedanke war einfach zu schrecklich, um weiter darüber nachzugrübeln. Hassen Sie wirklich alle Deutschen? Vielleicht haben Sie durch Ihr Buch über einige von ihnen Dinge erfahren, die Sie zu der Erkenntnis gelangen lassen, daß sie nicht alle »Vollstrecker« waren, daß einige von uns versuchen, Geschehenes wiedergutzumachen, was selbst durch etwas so Einfaches erreicht werden kann, wie darüber zu sprechen, damit es nie vergessen wird.

Für das neue Jahr und die weitere Zukunft wünsche ich Ihnen das Beste.

Sincerely
Helen Bensing

Camp Hill, Pensylvania, den 21. Dezember 1996

Herr Goldhagen,

ich scheue mich, Sie mit gebräuchlichen Floskeln wie »lieber«, »sehr geehrter« oder anderen Unverbindlichkeiten anzusprechen.

Die Diskussionen um Ihr Urteil über »die Deutschen« hätten mich viel eher zu einem »sehr haßerfüllter« verleitet. Doch Diskussionen sind selten eine Grundlage für die Wahrheitsfindung. Aus diesem Grunde habe ich nun Ihr Buch gelesen. Danach rücke ich von dieser Anrede ab. Trotzdem: Mir ist nicht klar, was Sie mit all den akribischen Auflistungen von Greueltaten Deutscher erreichen wollen.

Sollen nur wir Deutsche, die damals gelebt und in irgendwelchen Funktionen gewirkt haben, gedemütigt werden, oder fürchten Sie, daß der seit Jahrhunderten durch Hetze gegen die Juden verdorbene Volkscharakter weiterschwärt, wenn er nicht durch rücksichtslose Brandmarkung gekennzeichnet und so von allen Völkern der Welt kritisch beobachtet und eingedämmt wird?

Wenn Sie nur die »willigen Vollstrecker« treffen wollen, dann sind Sie spät, fast möchte man sagen »zu spät« dran. Die jüngsten der »Unmenschen« haben nun die Siebzig überschritten. Sie sind nahe daran, dem göttlichen Urteil zugeführt zu werden. Hätten Sie nicht abwarten wollen, wie dieses ausfällt? Nein, Sie wollten richten. Und es fällt vernichtend aus, Ihr Urteil. Auch für mich! Aber ich nehme ihn nicht an, Ihren Urteilsspruch.

Gewiß, ich darf mich nicht ausnehmen, wenn behauptet wird, daß die Deutschen ihre jüdischen Nachbarn als Fremdkörper im deutschen Volke betrachtet haben. Aber taten dies nicht auch die Juden selber? Sie sonderten sich ab, nicht so, wie sich Protestanten von Katholiken absonderten, sondern so, wie sich Franzosen von Deutschen fernhielten. Fühlten sie sich dem deutschen Volk zugehörig wie

Protestanten oder Katholiken? Waren sie etwa nur gescheiter als die von aller Welt ungeliebten deutschen Protestanten und Katholiken? Wollten Sie nur deshalb keinen deutschen Nationalstolz?

Das gestehe ich den mit aller Welt verwandten deutschen Juden sogar zu. Aber »gescheit sein« und »stolz sein« sind zwei Eigenschaften, die nicht immer zu allen Zeiten zusammenpassen. Die Deutschen wollen stolz sein dürfen auf ihr Deutschland wie Franzosen auf ihr Frankreich und die Briten auf ihr England. Was heißt »stolz sein auf Deutschland«? Ging es um Rechte, Menschenrechte, die man den Deutschen verweigerte? Sehen Sie sich nur einmal das Bild auf dem Umschlag der deutschen Ausgabe Ihres Buches an. Ich war niemals bei Aufmärschen dabei und trug niemals eine braune Uniform. Aber selbstbewußt und stolz war ich wie die sich so gebenden SA-Leute auf dem Bilde. War das eine schlechte Eigenschaft? Wie kann man – ohne den Stolz auf sein Dasein zu pflegen – etwas leisten wollen auf der Welt?

Wer den Menschen den Stolz nimmt, der nimmt ihnen die Ehre und letztlich das Leben. Da stimme ich Ihnen zu, und ich schäme mich für alle Deutschen, die sich so den Juden gegenüber benommen haben. Aber muß *ich* – ich persönlich – mir vorwerfen lassen, daß ich durch meinen Einsatz als deutscher Soldat die Leiden der Juden in Europa verlängern wollte? Nein! und nochmals nein! Selbst wenn ich alles gewußt hätte – ich wußte gewiß einiges, aber beileibe nicht viel –, hätte ich mich doch nach den Kriegserklärungen Frankreichs und Englands verpflichtet gefühlt, das erwartete Ungemach für die Deutschen nach Kräften abzuwenden. Ich habe sie schon oft erwähnt, die Erkenntnis des Nicolai Hartmann: »Wo Wert gegen Wert steht in einer Situation, da gibt es den schuldlosen Ausgang nicht.« Ich bin deshalb auch noch heute stolz auf meine und der Deutschen Leistung während des Krieges. Ich wünsche Ihnen, daß Sie nie einem ähnlichen Konflikt ausgesetzt sein werden wie die Deutschen von 1933 bis 1945. Sie müßten sonst Ihr hartes Urteil als anmaßend empfinden. Trotzdem danke ich Ihnen für die ungeheuren Mühen, die Sie sich gemacht haben, um Ihre »Wahrheit« zu finden. Ich weiß nun, wessen der Mensch fähig ist: Erschießungskommandos ebenso wie Bombenwerfer und Vertreiber.

Nun aber habe ich mir den Ärger über Ihre unversöhnlich erscheinenden Ansichten von der Seele geschrieben. Jetzt erst kann ich wieder meiner Lebensauffassung frönen, die da meint, daß Gegenpole für den Fluß des Lebens notwendig sind. Sie bewirkt, daß ich auf die Dauer nicht hassen kann.

Deshalb mit respektvollem Gruß
Ihr Gegenpol
Paul Schleicher

Schnaittach, den 21. Januar 1997

Lieber Daniel Jonah Goldhagen,

mein Vater war Halbjude, und ich war siebzehn, als der Zweite Weltkrieg zu Ende ging. Die Nazis hätten mich zwar noch gern schnell liquidiert (Zersetzung der Wehrkraft und Anstiftung zur Meuterei), doch eine englische Panzerbesatzung hat mich gerettet. Soviel von mir …

Nun zur Diskussion über Dein Buch »Hitlers willige Vollstrecker«:

Die Diskussion darüber, wann die Majorität der Deut-

schen in den zwölf Jahren Hitlerdiktatur von dem Massenmord an unschuldigen Menschen jüdischen Glaubens oder
jüdischer Herkunft erfahren haben könnte, wird besonders
von den älteren deutschen Politikern, Historikern deswegen
immer von neuem ergebnislos geführt, weil sie eng mit der
Frage der Mitschuld verbunden ist.

Du sagst es so: »Die Täter kehrten zurück in die Gesellschaft – warum konnten sie ihren Platz in der Gesellschaft
so schnell wieder einnehmen?«

Glaube mir, lieber Daniel Jonah, noch heute wird jeder,
der die Zeit miterlebt hat und wahrheitsgetreu schildert, wie
stark der Haß gegen Juden in der Bevölkerung verbreitet
war, als »Nestbeschmutzer« oder noch viel Schlimmeres
diffamiert! Deutsche Historiker drücken sich da etwas feiner
aus. Bei ihnen ist von »undifferenzierter Kollektivverdam-
mung« die Rede …

In diesem Zusammenhang scheint es mir wichtig, Dir zu
schreiben und für Deinen Mut zu danken, daß Du das Buch
geschrieben hast.

Gute Grüße von
Wolfgang Schröder

Rastede, den 20. September 1996

Sehr geehrter Herr Goldhagen!

Bitte erlauben Sie mir, Ihnen in deutscher Sprache zu
schreiben, denn im Englischen kann ich mich nicht präzise
genug ausdrücken.

Ich habe Ihr Buch »Hitlers willige Vollstrecker« mit großem Interesse aufmerksam gelesen. Ich beschäftige mich seit vielen Jahren mit der grauenhaften Geschichte des Nationalsozialismus, was für mich insofern von existentieller Bedeutung ist, als ich (Jahrgang 1922) als deutscher Soldat am Zweiten Weltkrieg teilgenommen habe. Obwohl mir eine aktive Teilnahme an Kriegsgreueln gnädig erspart geblieben ist, bin ich mir bewußt, daß ich als uniformierter, bewaffneter Deutscher ein Teil der Mordinstitution »Wehrmacht« war und somit zumindest für alles mit haftbar, was den Juden und den »Ostvölkern« im Machtbereich der deutschen Armeen angetan worden ist. Ich gehöre entsprechend meiner Sozialisation in einem zwar nicht-nationalsozialistischen, aber rechtskonservativen, nationalistischen Milieu der oberen Mittelschicht zu jenen Deutschen, die zutiefst antisemitisch geprägt wurden. Es hat sehr lange Zeit gedauert, bis ich mich – zumindest in der Bewußtseinsschicht – davon freimachen konnte. Und das, obwohl Juden zu meinen besten Freunden gehörten! Insofern bin ich Ihr Zeuge. [...]

Ich stimme dem Tenor Ihres Buches in allen wesentlichen Punkten zu, was Kritik in Einzelheiten selbstverständlich nicht ausschließt. Ich bin der Meinung, daß Ihre gewaltige Arbeit, Dokumentation und Auswertung, für uns Deutsche von unschätzbarem Wert ist. Das habe ich auch öffentlich in der Frankfurter Rundschau vom 4. 10. 1996 vertreten. Ich danke Ihnen ausdrücklich und hoffe, daß Sie auf diesem Wege Ihrer wissenschaftlichen Arbeit weitergehen.

Mit besten Grüßen verbleibe ich
Ihr *Dr. Karl Bartels*

Koblenz, den 7. Oktober 1996

170

Sehr geehrter Herr Goldhagen!

Es ist zwar mißlich, sich über ein Buch zu äußern, das man noch nicht gelesen hat. Trotzdem drängt es mich, Ihnen zu schreiben, weil ich einer von denen bin, die zwar nicht am Judenmord beteiligt waren, aber – so Ihre von der Presse wiedergegebene These – »das gleiche getan hätten, wenn sie in der Situation der Täter gewesen wären«. Ob Ihre Methode, mit der Sie zu diesem für mich ungeheuerlichen Schluß kommen, wissenschaftlich haltbar ist, kann ich nicht beurteilen, wage es allerdings zu bezweifeln. Ich kann nur meine ganz persönliche Meinung dazu sagen, nämlich daß Sie mit Ihrem Pauschalurteil einem gefährlichen Trugschluß erlegen sind. Wissenschaftlich belegen kann ich das natürlich nicht. Ich möchte aber versuchen, Ihnen meine – zugegebenermaßen subjektive und damit beschränkte – Sicht der Dinge nahezubringen. Als Angehöriger des Jahrgangs 1924 bin ich im sogenannten Dritten Reich aufgewachsen. Meine Daten aus dieser Zeit: mit zehn Jahren »Pimpf« im Deutschen Jungvolk (weil alle in der Klasse dabei waren oder sein sollten, wie unsere Lehrer uns beibrachten); mit vierzehn Jahren Hitler-Jugend, deren Dienstbetrieb mich so anödete, daß ich mich für eine Funkerausbildung freistellen ließ; ab März 1942 Soldat (Funker in einer Panzer-Nachrichtenabteilung), Einsatz an der Ostfront; Mai 1945 bis August 1946 Kriegsgefangenschaft in der Sowjetunion. In all diesen Jahren bis Kriegsende hat die sogenannte Judenfrage für mich nie eine Rolle gespielt. Ich weiß von keinem einzigen Juden in meinem Bekanntenkreis, so daß ich mir eine eigene Meinung, wie sie aus persönlichen Begegnungen entsteht, nicht bilden konnte. Sicherlich blieben auch wir Jungen vom offiziell verkündeten und verordneten Antisemitismus insofern nicht gänzlich unberührt, als man das öffentlich publizierte Negativbild unbewußt in sich aufnahm. Da aber Hetzblätter wie der Stürmer niemals in mein christlich geprägtes Elternhaus kamen, konnten sich bei mir und meinen Geschwistern Haß oder ähnliche Gefühle nicht entwickeln. Zudem hatten wir als junge Menschen ganz andere Interessen und Themen. Nach Kriegsausbruch standen für uns natürlich die Ereignisse an den Fronten und die darüber verbreiteten Siegesmeldungen im Vordergrund des Interesses. Während meiner Militärzeit als Angehöriger einer Panzerdivision war Antisemitismus ohnehin kein Thema. Auch habe ich als Soldat niemals von irgendwelchen gegen Juden gerichteten Gewaltaktionen gehört oder sie gar miterlebt.

Um so größer war mein Entsetzen, als ich in sowjetischer Kriegsgefangenschaft von den von Deutschen an Juden und anderen Minderheiten begangenen unvorstellbaren Greueltaten erfuhr, die ich anfangs auch gar nicht glauben konnte. Erst nach und nach wurde mir klar, welchem verbrecherischen Regime wir guten Glaubens gedient hatten. Vielen meiner Freunde wird es ebenso ergangen sein. In dieser Zeit schrieb ich für mich ein paar Verse, in denen neben der Bitterkeit des Gefangenenloses auch die damals gewonnene Einsicht in unsere Verstrickung zum Ausdruck kommt:

Nutzlos jedes Aufbegehren,
muß mich fassen in Geduld,
denn erst heißt es, hier in Ehren
tilgen unsres Volkes Schuld.

Ich bin mit dieser Verstrickung unseres Volkes bis heute nicht fertig geworden, und vielen, die ich kenne, geht es ebenso. Immer wieder, ob im Verwandten-, Freundes- oder Bekanntenkreis, kommen die unfaßbaren Ereignisse des Holocaust zur Sprache, ohne daß wir eine Antwort darauf finden, wie es zu all dem kommen konnte. Aber eines glaube ich mit Bestimmtheit sagen zu können, wobei ich mir bewußt bin, daß niemand sein Verhalten in Extremsituationen genau vorhersagen kann: Nicht nur ich, sondern viele, viele andere Deutsche hätten sich für solche Verbrechen, wie sie von einer – leider viel zu großen – Minderheit unseres Volkes als »willige Vollstrecker« begangen wurden, nicht mißbrauchen lassen.

Haben Sie sich eigentlich bei den Recherchen für Ihr Buch die Mühe gemacht, Menschen, die für Sie zum Kreis der potentiellen Mittäter gehören, in Einzelgesprächen kritisch zu befragen und auch geduldig anzuhören? Oder genügt Ihnen die Gleichung »100 000 = 80 Millionen«? Hierzulande gab es kürzlich einen erbitterten Streit um die Verwendung des Tucholsky-Zitats »Soldaten sind Mörder«. Nach dem Ergebnis Ihrer »Beweisführung« müssen wir nun wohl auch mit dem Verdikt leben: »Die Deutschen der Hitler-Zeit waren alle, wenn nicht aktive, so doch zumindest potentielle Judenmörder.«

Mit freundlichen Grüßen
Eberhard Wendebourg

Bremen, den 23. September 1996

Sir,

bei der Lektüre Ihres beeindruckenden (und im heutigen wiedervereinigten Deutschland höchst notwendigen) Buches »Hitlers willige Vollstrecker« erinnerte ich mich daran, einmal einen Brief von Konrad Adenauer an einen deutschen Priester gelesen zu haben, in dem er – im Jahre 1946 – Ihren dreißig Jahre später veröffentlichten Gedanken vorwegnimmt, daß die Deutschen in der nationalsozialistischen Zeit allzu »willige Vollstrecker« gewesen seien:

»Nach meiner Meinung trägt das deutsche Volk und tragen die Bischöfe und der Klerus eine große Schuld an den Vorgängen in den Konzentrationslagern. Richtig ist, daß nachher vielleicht nicht mehr viel zu machen war. Die Schuld liegt früher. Das deutsche Volk, auch Bischöfe und Klerus zum großen Teil, sind auf die nationalsozialistische Agitation eingegangen. Es hat sich fast widerstandslos, ja zum Teil mit Begeisterung [...] gleichschalten lassen. Darin liegt seine Schuld. Im übrigen hat man aber auch gewußt – wenn man auch die Vorgänge in den Lagern nicht in ihrem ganzen Ausmaße gekannt hat –, daß die persönliche Freiheit, alle Rechtsgrundsätze, mit Füßen getreten wurden, daß in den Konzentrationslagern große Grausamkeiten verübt wurden, daß die Gestapo, unsere SS und zum Teil auch unsere Truppen in Polen und Rußland mit beispiellosen Grausamkeiten gegen die Zivilbevölkerung vorgingen. Die Judenpogrome 1933 und 1938 geschahen in aller Öffentlichkeit. Die Geiselmorde in Frankreich wurden von uns offiziell bekanntgegeben. Man kann also wirklich nicht behaupten, daß die Öffentlichkeit nichts gewußt habe, daß die nationalsozialistische Regierung und die Heeresleitung ständig aus Grundsatz gegen das Naturrecht, gegen die Haager Konvention und gegen die einfachsten Gebote der Menschlichkeit verstießen. Ich glaube, daß, wenn die Bischöfe alle miteinander an einem bestimmten Tag öffentlich von den Kanzeln aus dagegen Stellung genommen hätten, sie vieles hätten verhüten können. Das ist nicht geschehen, und dafür gibt es keine Entschuldigung. Wenn die Bischöfe dadurch ins Gefängnis oder in Konzentrationslager gekommen wären, so wäre das kein Schade, im Gegenteil. Alles das ist nicht geschehen, und darum schweigt man am besten.«[1]

Dieser Brief soll Ihnen helfen, allen seichten Kritikern Ihres Buches zu widerstehen, wie beispielsweise Hans Mommsen[2]. Was mich persönlich betrifft, so kann ich nur bedauern, daß Sie den möglicherweise ersten Schritt des Rassenkriegs der Nationalsozialisten nicht erwähnen (wenn es sich dabei auch im Vergleich zur Shoa nur um einen recht

174

kleinen Schritt handelt): die Vernichtung der Eliten im nördlichen Teil Polens, darunter viele Schüler höherer Schulen, wie der folgende Bericht über die Vernichtung polnischer Opfer zeigt:

»An einer anderen Stelle, wo es die Vergasungsautos nicht gab, hatte man sich eine andere Tötungsart ausgedacht: Man operierte mit den sogenannten natürlichen Scheiterhaufen. Dort handelte es sich weitgehend um das Umbringen von Intelligenz. Sie wurden lastwagenweise angefahren, nach Berufen sortiert: ein Waggon Rechtsanwälte, ein Waggon Ärzte, ein Waggon Pfarrer, ein Waggon Graudenzer Gymnasiasten und so weiter. Sie mußten Baumstämme schlagen und mit den Baumstämmen vor sich antreten. Die Baumstämme waren in Brusthöhe geschlagen. Dann mußten dreißig, vierzig antreten mit dem Baumstamm vor sich und wurden von hinten mit dem Maschinengewehr abgeschossen, so daß jeweils die Leiche auf den Baumstamm fiel. Dann mußten die nächsten mit ihrem Baumstamm jeweils vor einer Leiche antreten, ihren Baumstamm auf die Leiche legen und wurden abgeschossen, so daß sich schließlich Leiche/Baumstamm, Leiche/Baumstamm schichtete, sogenannte natürliche Scheiterhaufen, die mit Benzin übergossen und dann verbrannt wurden. Aus den dabei gefertigten Photographien, die zum Teil heute noch existieren, kann man sehen, daß die Menschen teilweise lebendig verbrannt worden sind, weil sie beim Erschießen nicht tot waren.«[3]

---

[1] Konrad Adenauer, Briefe 1945–1947, hrsg. von Rudolf Morsey und Hans-Peter Schwarz, Berlin 1983, S. 172.

[2] Hans Mommsen, »Die Schuld der Gleichgültigen. Die Deutschen und der Holocaust. Eine Antwort auf Daniel Goldhagens Buch ›Hitlers willige Vollstrecker‹«, in: Süddeutsche Zeitung vom 20./21. Juli 1996.

[3] Barbara Just-Dahlmann/Helmut Just, Die Gehilfen. NS-Verbrechen und Justiz nach 1945, Frankfurt/M. 1988, S. 51.

Auch viele Priester und Lehrer selbst aus den Dörfern fielen ähnlichen Grausamkeiten zum Opfer. (Mein Vater war einer dieser Lehrer. Einige Tage vor seinem Verschwinden zeigte er mir den Leichnam eines ermordeten jüdischen Kaufmanns. Wollte er auf diese Weise mich, seinen sechsjährigen Sohn einer deutschen Mutter, der Verwandte hatte, die NS-Organisationen angehörten, immunisieren?) Die Ausrottung der Eliten in diesem Teil Polens, der letztlich zur »Eindeutschung« bestimmt war, war bereits seit Kriegsanfang im Gange. Selbst das Konzentrationslager Auschwitz war 1940 ursprünglich für diesen Zweck eingerichtet worden, wie dessen Kommandant Höss selbst bestätigt hat.

Ich hoffe, daß viele junge Deutsche Ihr Buch lesen werden, das in einigen Tagen erscheinen wird. Als Geschichtslehrer im Ruhestand, der lange an höheren Schulen in Deutschland gearbeitet hat, weiß ich, daß sich viele von ihnen wegen dieses Abschnitts der deutschen Geschichte schämen. Doch was die Wurzeln des Rassismus angeht, so stecken sie, wie ich befürchte, noch voller Lebenskraft, nicht nur in Deutschland, nicht nur in Europa ...

Yours sincerely
Dr. Norbert-Aleksander [Omieczynki-]Ommler

Göttingen, den 2. August 1996

Sehr geehrter Herr Professor Dr. Goldhagen!

Meine Frau und ich haben die Diskussion in Deutschland über Ihr Buch »Hitlers willige Vollstrecker« mit Aufmerksamkeit und wachsender Beschämung verfolgt.

Als erstes bitten wir als Deutsche und Christen – die wir den Gott Israels und das jüdische Volk als auserwähltes Volk lieben und unterstützen – Sie um Vergebung für all das schlimme Leid, das Ihrer Familie durch Deutsche angetan worden ist. Wir schämen uns für alles Unrecht, alle Diskriminierung, Verunglimpfung, Verfolgung und Gewalttat gegenüber dem jüdischen Volk. Auch bitten wir Sie als Deutsche um Vergebung für die unberechtigte Kritik, die Vorwürfe und Unterstellungen im Zusammenhang mit Ihrem Buch.

Unserer eigenen Überzeugung nach trifft Ihre Analyse der Voraussetzungen zur Ermöglichung des Holocaust genau den Kern. Ferner sind wir überzeugt, daß die Tragik im Nachkriegsdeutschland darin besteht, daß sofort nach Kriegsende mit einer Verdrängung, Selbstentschuldung und »Differenzierung« der Schuldfrage begonnen wurde. Nur wenige haben Sündenerkenntnis und Schuldbekenntnis gewollt und zugelassen.

Insbesondere das Verhalten deutscher zeitgenössischer Historiker hat die Abwehr gegenüber Schuldanerkenntnis deutlich gemacht, indem man sich hinter dem Argument der Wissenschaftlichkeit und Differenziertheit versteckte. Zur Buchkritik meint der Historiker Wolfssohn, daß sich eine alldeutsche Einheitsfront gegen Sie geformt und Ihr Buch unter den deutschen Historikern Schichten freigelegt habe, »deren Entdeckung unerfreulich sei«.

Bitte lassen Sie sich nicht beirren und entmutigen!

Wir grüßen Sie mit einem herzlichen Schalom
Hans und Elke Molzahn

Reutlingen*, den 31. Dezember 1996

VII.

»Auf dem Hochzeitsphoto
trägt mein Vater
voller Stolz seine SS-Uniform«

Täter und Opfer

Guten Tag, Herr Professor Goldhagen,

mein Name ist Margarete Lüthy, geb. Lührig. Der Grund, warum ich Ihnen schreibe, ist das Polizeibataillon 101, zu dem mein Vater Johann Lührig, geb. am 25. 8. 1903, im Februar 1940 einberufen wurde. Mein Vater arbeitete bei der Deutsch-Amerikanischen Petroleumgesellschaft, und zu diesem Zeitpunkt wurden sämtliche Männer einberufen, es nannte sich das Bataillon »Hafen«. Nach relativ kurzer Ausbildungszeit ging es dann am 8. Mai 1940 in das Einsatzgebiet Posen.

Die ärztlichen Untersuchungen ergaben keinerlei Bedenken gesundheitlicher Art, mein Vater war geeignet zum vollen Einsatz.

Ich komme noch einmal auf die Ausbildungszeit zurück: In der Bescheinigung wird gleich bemerkt, daß er nicht der Partei angehört und sich somit auch nicht zum Unterführer eignet. Also schon gleich am Anfang wußte man, wer wer war.

Im November, am 30., soll mein Vater sich dann »aufgehängt« haben, weil er nur noch getrunken haben soll. Wir glaubten nie an den angeblichen Selbstmord, mein Vater war Sozialdemokrat mit Leib und Seele – den Nationalsozialismus haßte er, ebenso Adolf Hitler. Er hielt auch mit seiner Meinung nicht hinter dem Berg, und als er im Oktober 1940 auf Urlaub war, brachte er Bilder mit von ermordeten Juden. Also wurden dort schon 1940 Menschen ermordet.

Bei den Durchsuchungen der Häuser nach versteckten Menschen, konnte er Menschen retten, indem er vorgab, sie gar nicht bemerkt zu haben.

Doch irgendwann wurde es ihm zuviel; Judenkinder, die an Wagenräder gefesselt waren, sollten mitgeschleift werden. Da hat er geschrien: »Ihr Schweinehunde!« Kameraden erzählten es. Wenn der Krieg vorbei wäre, würden sie uns alles erzählen, versprachen sie. Aber keiner kam. Ich habe immer wieder versucht, meiner Mutter zu helfen, ihr Recht zu bekommen, aber die Verlogenheit dieser Leute ließ es nicht zu.

Jedenfalls bekam meine Mutter keine Rente, denn mein Vater handelte »unehrenhaft«. [...]

1990 bekam ich die Akte meines Vaters und war entsetzt, was das für ein Mensch gewesen sein sollte. Ich bekam ein paar Namen heraus und ermittelte die Anschriften. Ich rief die Leute an. Keiner wollte etwas wissen, dabei hätte ja keiner Hemmungen haben müssen, über den in den Akten beschriebenen Mann zu reden. Aber sie müssen ja schweigen, denn einer von ihnen ist ja auch sein Mörder.

Ich war die Älteste von vier Kindern und wurde am 8. Dezember 1940 fünfzehn Jahre alt, ich habe gearbeitet in den Rüstungsbetrieben und so meine Mutter und Geschwister ernährt, weil der Staat sich vor seinen Verpflichtungen drückte und mein Vater kein Mörder sein wollte.

In Deutschland konnte vieles nicht geklärt werden, weil in den führenden Positionen wieder Nazis saßen, und so wurde manches nicht geklärt.

Ich möchte dieses Bild meines wirklich lieben, fleißigen Vaters nicht so stehenlassen, denn es ging uns durch seinen Fleiß gut. Aber auch heute denken noch viele Menschen so und glauben oder wollen nicht glauben, daß Deutsche auch Deutschen was getan haben, wenn sie, wie mein Vater, ihnen nicht in den Kram paßten.

Zu Ihrem Buch »Hitlers willige Vollstrecker« beglückwünsche ich Sie, denn es tut not, daß diese »Schweinereien« aufgeklärt werden. Aber auch da sagen Ihnen die Leute vom Bataillon 101 nicht die Wahrheit. Mir sagten sie, sie hätten einen dicken Strich unter diese Zeit gezogen, über ihre Lippen käme nichts mehr. Ein Überlebender ist Herr S. Wenn ich ihn bitte, mir doch die Wahrheit zu sagen, dann kommt der freche Spruch: »Lassen Sie mich in Ruhe.«

Ich schicke Ihnen ein paar Unterlagen, denn ich finde, daß man jedem Menschen, der sich der Sache widmet und um Aufklärung bemüht ist, helfen sollte. Sie können anhand der Unterlagen erkennen, daß auch ganz normale Deutsche den Gemeinheiten dieser Mörder ausgeliefert waren. Wir wissen bis heute nicht, wo unser Vater »eingescharrt« wurde, keine Sterbeurkunde, keine Hilfe. Aus der Rente meines Vaters gab es nur wenig, er war ja erst 37. Selbst angesichts dessen, daß die Lebenszeit für diese Henker und Mörder bald abgelaufen ist, sind sie nicht bereit, ihre Seele zu entlasten. Ich hoffe, Ihnen ein kleines Stück geholfen zu haben, und schicke Ihnen ein paar Sachen, die Ihnen die Gesinnung dieser Leute etwas näherbringen.

Ich grüße Sie auf das herzlichste und wünsche Ihnen weiterhin viel Erfolg

Margarete Lüthy

P. S. [...] Ich möchte noch hinzufügen, daß nach dem Tode meines Vaters ständig Gestapo-Männer unsere Wohnung durchsuchten. Warum? Es hieß, wir seien staatsfeindlich eingestellt. Und um noch einmal auf Ihr Buch zurückzukommen, Frauen wie Frau Wohlauf: Mir ist auch bekannt, daß Frauen dort mit Ihren Männern lebten, dort spazierengingen, die sich das Blut, die zerschossenen Gehirnmassen, die Knochen der Toten, alles das ansehen mochten. Was sind das für Menschen gewesen?

Aber bei meiner Mutter waren diese Leute so »rücksichtsvoll«, daß sie ihr den Anblick ihres Mannes ersparen wollten. Seit 57 Jahren quält uns der Gedanke: »Wo ist unser Vater geblieben?« Darum gebührt Menschen Dank, die um Aufklärung bemüht sind. Vielleicht können Sie aus den Unterlagen noch etwas ersehen. Wenn ich Ihnen helfen kann, dann bin ich gern bereit dazu.

Hamburg, den 26. Januar 1997

Dear Dr. Goldhagen,

nachdem ich Ihren Beitrag in der New York Times vom 5. Dezember 1996 gelesen habe, fühle ich mich veranlaßt, Ihnen zu schreiben.

Unter den vereinzelten Deutschen, die sich dagegen entschieden, ein »williger Vollstrecker« zu werden, war Richard Ernst Moser aus Hamburg. Mein Vater, Wilhelm Bernstein, war in Herrn Mosers Import-Export-Firma angestellt. Am Morgen nach der »Kristallnacht« wurde mein Vater festgenommen und ins Konzentrationslager Sachsenhausen geschafft. Meine Mutter benachrichtigte Herrn Moser von der Festnahme, und er kam ihr sofort zu Hilfe. Er leistete ihr nicht nur seelischen Beistand, sondern gab ihr zudem Geld (Juden war es zu dieser Zeit nicht mehr erlaubt, Banken zu betreten) und nahm es in seine Hand, die Freilassung meines Vaters zu erwirken. Eine Kopie des Schreibens dieses ehrenwerten Deutschen, der sich für einen Juden einsetzte, an die Gestapo vom 28. November 1938 liegt diesem Brief bei. Das Original ist in meinem Besitz.

Das Holocaust Museum in Washington weiß von keinem vergleichbaren Dokument.

Herr Moser hatte mit seinem Gesuch bei der Gestapo Erfolg, und mein Vater wurde einige Wochen später wieder auf freien Fuß gesetzt. Bevor wir Deutschland verließen, versicherte Herr Moser meinem Vater, daß er ihn im Falle seines Bleibens weiterhin schützen würde. Mein Vater realisierte, daß die äußeren Kräfte stärker sein würden als Mosers gute und ehrenwerte Absichten.

Meine Mutter und ich emigrierten über Brüssel und London nach Amerika. Mein Vater reiste über Holland aus Deutschland aus und traf uns in Brüssel. Der Grund für den Umweg meines Vaters war einmalig. Moser, der wußte, daß bei Ausreise nur zehn Dollar pro Person ausgeführt werden durften, machte sich große Sorgen über die finanzielle Lage meines Vaters. Er bot ihm eine erhebliche Summe, aber mein Vater nahm nur einen sehr viel bescheideneren Betrag an, den er über drei Jahre zurückzahlte. Herr Moser veranlaßte einen Geschäftsfreund, meinem Vater zweitausend Dollar zur Verfügung zu stellen, was 1939 eine ziemlich bemerkenswerte Summe war.

Nach dem Krieg kam Herr Moser nach New York, als er auf dem Weg zu seinem Sohn nach Lima, Peru, war. Er sah meinen Vater wieder und gab zu, daß es ihm unmöglich geworden wäre, ihn weiterhin zu beschützen, wenn er in Deutschland geblieben wäre.

In seinem Brief an die Gestapo gibt Herr Moser vor, daß mein Vater in der Firma so lange benötigt werde, bis sein Sohn Peter seinen Wehrdienst abgeleistet habe. Der Plan für Peter war, Deutschland zu verlassen, um eine Mitgliedschaft in der NSDAP zu vermeiden. Er emigrierte nach Peru, wo er bis in die sechziger Jahre lebte, zog dann nach Madrid und wohnt nun als 80jähriger Mann wieder in seiner ursprünglichen Heimat Hamburg. Er und mein Vater sind bis heute befreundet geblieben.

Kürzlich entdeckte ich einige Briefe meiner Großeltern väterlicherseits, sie schreiben in einigen von den dreißig Briefen (die Sie interessieren könnten) in einem verschlüsselten Code über Herrn Moser. Nachdem wir aus Deutschland fort waren, hatte er wirklich keinerlei Verpflichtung ihnen gegenüber. Er war ein außergewöhnlicher Mensch, der persönliche Risiken auf sich nahm, um meinen Großeltern Lebensmittel und Geld zukommen zu lassen, manchmal durch einen Vertrauten, und gelegentlich bat er meine Großmutter, zu ihm zu kommen. Er war ihnen bis zu ihrer Deportation eine große Unterstützung. (Meiner bescheidenen Ansicht nach verdient er eine Würdigung in Yad Vashem als ein rechtschaffender Christ.)

Ich hoffe, daß Ihnen mein Brief ein Gefühl dafür vermitteln kann, daß es sich hier um einen vornehmen und gütigen Deutschen handelt, der sich aufrichtig um eine jüdische Familie kümmerte.

Ihr Buch verdient einen besonderen Platz in jedem Bücherregal, Juden und Nichtjuden gleicherweise sollten es als einen wahrhaftigen Bericht über das dunkelste Kapitel in der jüdischen Geschichte lesen.

With a cordial Shalom
Henny (Bernstein) Brener

New York, den 19. Dezember 1996

Dear Daniel,

nachdem ich Ihr Buch gelesen und Ihren Vortrag in London in dieser Woche gehört habe, drängt es mich, Ihnen zu schreiben. Für mein Verständnis der Dinge hat Ihr Buch mehr geleistet als alles andere, was ich je gelesen habe.

Ich wurde 1940 in Berlin geboren. Wie ich bereits gesagt habe, als Sie Ihr Buch signierten, gehörte mein Vater der SS an. Meine Mutter und mein Großvater mütterlicherseits dagegen waren Gegner des Nationalsozialismus und Mitglieder der SPD. Meine Mutter trat im Alter von vierundzwanzig Jahren am 10. Oktober 1930 in die SPD ein. Auf dem Hochzeitsphoto meiner Eltern von 1939 trägt mein Vater voller Stolz seine SS-Uniform. Ich besitze auch einen Ahnenpaß, der meine nichtjüdische Abstammung bis zurück ins achtzehnte Jahrhundert bestätigt – wozu das auch immer gut sein mag.

Im Lebenslauf meines Vaters heißt es, er sei vom 15. Juni 1936 bis zum 16. Oktober 1940 in der Apotheke und dem Labor der Heilanstalten vom Roten Kreuz Hohenlychen (Uckermark) beschäftigt gewesen, dabei habe er sich hauptsächlich mit Lebensmitteln, Drogen und Chemikalien beschäftigt. Fünfzig Jahre später berichten Einwohner dieser Gegend von Zusammenhängen zwischen der SS-Anstalt und Menschenversuchen im KZ Ravensbrück. Professor Dr. Karl Gebhardt, der ärztliche Direktor in Hohenlychen, wurde in Nürnberg wegen Verbrechen gegen die Menschlichkeit verurteilt und hingerichtet. Er war Präsident des Deutschen Roten Kreuzes. Sehr beunruhigend ist es, daß mein Vater eine Prüfung in Toxikologie mit »sehr gut« bestanden hat. Vom 17. Oktober 1940 bis zum 19. Dezember 1945 hatte mein Vater, wie es im Lebenslauf heißt, einen Sanitätsdienstgrad in der Luftwaffe inne. Während dieser Zeit arbeitete er teilweise (15. März 1941 bis 8. Oktober 1942) im klinischen Labor des Fliegerhorsts Schönwalde bei Berlin. Als ich schon erwachsen war, hat mein Vater mir einmal gesagt, daß er die Sorben gehaßt habe. Dies hätte mir wohl die Möglichkeit gegeben, das Thema seiner Verstrickung anzusprechen, doch ich habe mich mit ihm nicht auseinandergesetzt.

Bis ich Ihr Buch gelesen habe, sah meine persönliche These so aus: Mein Vater war in die SS eingetreten, weil er beruflich vorankommen und sozial aufsteigen wollte. Heute sehe ich die Dinge anders. Und in der Tatsache, daß meine Mutter bereit war, trotz ihrer anti-nationalsozialistischen Überzeugung meinen Vater zu heiraten, sehe ich eine Bestätigung Ihrer These.

Meine jüngste Tochter, die jetzt dreißig Jahre alt ist (ihr Vater war Schotte), brachte kürzlich ihre Enttäuschung zum Ausdruck, daß ihre Kinder (deren Vater ist jamaikanischer Abstammung) keine Verwandten kennen, die die Verbindung zu meiner Seite der Familie herstellen. Erst jetzt ging mir auf, daß viele jüdische Familien sich in genau dieser Situation befinden, wobei die Begleitumstände hier noch weit trauriger als in meinem Fall sind.

Als mein Vater im Jahre 1978 starb, hatte ich das Bedürfnis, von dem Erbe, das er mir hinterließ, eine Spende an eine jüdische Wohlfahrtsinstitution zu geben. Als ich den Mut faßte, dies seinem besten Freund gegenüber zu erwähnen, meinte dieser, mein Vater hätte das gern gehört.

Einer seiner jüdischen Genossen aus der SPD bat meinen Großvater um Obdach. Doch mein Großvater weigerte sich nach einigem Zögern, weil er um die Sicherheit seiner eigenen Person und seiner Familie besorgt war. Viktor Jabkowski gelangte schließlich nach Kalifornien. Nach dem Krieg schickte er uns Lebensmittelpakete, und ich erhielt ein Paar wunderbarer brauner Schuhe (die sein Sohn bereits getragen hatte). Mit seinem Sohn habe ich inzwischen Kontakt aufgenommen.

Ich bin entsetzt über einige der Kommentare und Rezensionen, insbesondere von (älteren?) Deutschen. Sie bemerken gar nicht, daß sie damit bestätigen, was Sie zum Ausdruck bringen wollen.

Eine Frau, die bei Ihrem Vortrag neben mir saß, ist eine Überlebende aus Ravensbrück. Ich lernte sie gerade an diesem Abend kennen. Bei einem anderen Bewußtsein hätte mein Vater in ihr die Möglichkeit erkannt, die charmante, gut frisierte, elegante und kultivierte Dame zu werden, die sie heute ist.

Es ist nicht so einfach, an die Alltäglichkeit des Lebens meiner Eltern zu denken und sie mit dem Holocaust in Verbindung zu bringen, aber jetzt erkenne ich, daß es hier ein Verbindungsglied gibt, und so schmerzlich das auch sein mag, so muß ich doch anerkennen, daß dieses Zwischenglied existiert.

Thank you for your book, Daniel.

Sincerely yours
Ingrid Numa

London, den 26. April 1996

Dear Professor Goldhagen,

im Namen meines Vaters Eric Lévy, der »am 3. 4. 1942 nach dem Osten deportiert wurde und von dort nicht mehr zurückgekehrt ist«, und auch in meinem eigenen Namen danke ich Ihnen sehr für Ihr Buch »Hitler's Willing Executioners«.

Sie haben den Seelen jener, die leiden mußten, Genugtuung bereitet, indem Sie die Wahrheit ausgesprochen haben. Damit haben Sie eine gottgefällige Tat vollbracht.

With my respect & thanks
Henri-Etienne Lévy

New York, den 12. Oktober 1996

Dear Professor Goldhagen,

als Überlebender des Krakauer Ghettos, dem Zwangsarbeitslager Płaszów sowie den Lagern Auschwitz und Ravensbrück habe ich Ihr Buch »Hitler's Willing Executioners« mit besonderem Interesse gelesen. Ich bin Ihnen dankbar für diese überzeugende und zwingende Interpretation des Holocaust. Sie haben Großes geleistet.

Ihr Buch weckt natürlich auch den Wunsch nach einer weiteren, wahrscheinlich ebenso bedeutenden Arbeit. Ich meine eine Studie über die *willigen Helfer von Hitlers willigen Vollstreckern.* Dieses Thema ist immer noch eine auszufüllende Lücke zu unserem Verständnis des Holocaust. Da ich den Holocaust selbst erlebt habe, bin ich davon überzeugt, daß die Deutschen diese Stufe des Völkermordes auf keinen Fall ohne die enthusiastische, engagierte, gnadenlose und beharrliche Mitwirkung der Völker Osteuropas hätten realisieren können.

Ich kann mir die Schwierigkeiten einer solchen Studie vorstellen. Es gab nach dem Krieg keine »Nürnberger Prozesse« für Nichtdeutsche. Auch dokumentierten die Polen, Russen etc. ihr Wirken nicht so peinlich genau wie die Deutschen. Dennoch muß es möglich sein, diese Verbrechen in einem Nachfolgewerk zu Ihrem Buch historisch aufzuarbeiten.

Jedenfalls hoffe ich, daß Sie vielleicht an einem solchen Vorhaben interessiert sind.

Thank you again for your book.
Sincerely yours
Bernhard Kempler

Atlanta/Georgia, den 27. April 1997

Sehr geehrter Herr Professor Goldhagen!

Vier ehemalige, mißbrauchte und verführte Soldaten der »Wehrmacht« grüßen Sie recht herzlich. Hoffentlich können wir Ihre Veröffentlichung über den Holocaust auch bald in Deutschland kaufen und lesen.

Wir finden, daß das von Macht- und Mordwahn angetriebene Volk der Dichter und Denker – oder das Volk der Richter, Henker und Massenmörder – noch immer nichts, aber auch gar nichts, aus der Vergangenheit oder Geschichte gelernt hat.

Unsere Anonymität ist gezielter Selbstschutz, wir möchten später nicht auf der Straße von primitiven Nazi-Horden erschlagen werden. Wir melden uns später mit Anschrift noch einmal.

Mit herzlichen Grüßen und alles Gute für Sie
Parteilose Bürger der Bundesrepublik

Bochum, im August 1996

Dear Professor Goldhagen,

endlich hat »jemand« den Mut, so vom »Holocaust« zu erzählen, wie er wirklich war. Meine Frau Margret Kornblum Wilkinson* war auf dem Todesmarsch dabei, über den Sie in Ihrem Buch berichten. Sie war für einige Jahre im Ghetto von Lódz mit all dem Hunger und Tod, dann waren sie, ihr Vater, ihre Schwester und ihr Bruder gezwungen, in den Güterwaggon zu steigen, der sie nach Auschwitz brachte. Als der Waggon geöffnet wurde, war die Hälfte der Insassen tot. Damals sah sie ihre Familie zum letztenmal. Ihre Mutter war zwei Jahre früher bei einer anderen »Aktion« deportiert worden.

In Auschwitz wurde sie zur »Läuferin« gemacht, die Nachrichten von der einen Baracke zur anderen zu bringen hatte. So fand sie heraus, daß die Insassen einer bestimmten Baracke in der nächsten Nacht vergast werden sollten. In vielen Nächten schlüpfte sie aus der Schlafkoje derjenigen Baracke, die gerade zum Untergang bestimmt war. Im Winter 1945 befand sie sich auf dem von Ihnen richtig beschriebenen Marsch. Der Schnee stellte das einzige an Speise und Trank dar. Sie hatte nur Lumpen an und war barfuß. Sie marschierte von Auschwitz bis nach Bergen-Belsen.

Am Tag der Befreiung hörte sie bereits das Kommen der britischen Lastwagen, als die deutschen Aufseher alle Häftlinge in den unteren Schlafkojen mit Maschinengewehren töteten, sie befand sich in einer der oberen Kojen. Die Schützen flohen dann. Sie schreibt nun alles auf, damit das von ihr Erlebte in Archiven seinen Platz findet. In der ganzen Welt hat die Öffentlichkeit nichts erfahren, bis Sie es beschrieben haben. Es wird immer noch nicht geglaubt.

Um Ihre Deutschlandreise beneide ich Sie nicht. Ich hoffe, Sie werden dort anständig empfangen.

Es wäre mir eine Ehre, von Ihnen nach Ihrer Rückkehr über Ihre Beobachtungen von heute zu hören.

Sincerely
*Robert Wilkinsion**

Southhampton/Pennsylvania [ohne Datum]

Dear Mr. Goldhagen,

ich bin ein jüdischer Überlebender aus Riga, Lettland, das die niedrigste Rate von Überlebenden des Holocaust aufzuweisen hat.

Durch eine glückliche Fügung des Schicksals habe ich überlebt – eine Woche vor dem Eindringen der Nazis nach Lettland haben mich die Sowjets nach Sibirien deportiert.

Ich habe sechs Jahre in Zwangsarbeitslagern verbracht.

Ich schreibe Ihnen aus folgendem Grund:

Die Deutschen waren in jenen Ländern am erfolgreichsten, wo die örtliche Bevölkerung mit ihnen kollaborierte (wie in Lettland). Dagegen wurden in Italien, Holland, Finnland, Bulgarien und vor allem in Dänemark viele Juden gerettet.

Ich stelle Ihre Schlußfolgerungen nicht in Frage. Doch wenn ich oder irgendeiner meiner Freunde die Wahl gehabt hätten, in die Hände der Deutschen oder in die der Polen, Letten, Ukrainer oder Kroaten zu fallen, dann hätten wir alle die Deutschen vorgezogen.

Daher sollten Sie bitte ein weiteres Buch über diese anderen Bastarde in Osteuropa schreiben.

Best wishes
Sincerely
Armin Fried

New York, den 3. April 1996

Sehr geehrter Herr Professor Goldhagen!

Ich habe das Buch »Hitlers willige Vollstrecker« und Ihre Stellungnahme in der ZEIT vom 2. 8. 1996[1] gelesen. Ich danke Ihnen. Ihr Buch sollte in der Welt, besonders aber hier in Deutschland, zur Pflichtlektüre werden.

Leider muß man feststellen, daß große Teile des deutschen Volkes noch immer nichts aus der Geschichte gelernt haben und für die Massenmorde falsche Schuldzuweisungen geben oder gar verniedlichen, verharmlosen, verdrängen und vor Selbstgerechtigkeit strotzen.

Ich selbst habe zur Politik nie Kontakt gesucht und war immer parteilos. Als 18jähriger wurde ich Soldat der Wehrmacht und gegen Kriegsende zweimal verwundet.

Mit freundlichen Grüßen und besten Wünschen für Ihr persönliches Wohlergehen!
Jochen Unkenhoff*

Bochum, den 10. August 1996

Dear Professor Goldhagen,

die Seite über Ihr Buch in der Zeitschrift von Holocaust-Überlebenden, Together, weckt Erinnerungen. Vielleicht unterstützt mein Bericht aus erster Hand Ihre Behauptung, daß in der Tat ganz gewöhnliche Deutsche zum Mord fähig geworden waren:

Um den 1. März 1945 herum war ich als Infanterist in der

---

[1] Daniel Jonah Goldhagen, »Das Versagen der Kritiker«, in: DIE ZEIT vom 2. 8. 1996, S. 9–14.

166. Artillerie Kompanie in George Pattons Dritter Armee, wir befanden uns kurz hinter einigen von uns unterstützten Divisionen, insbesondere der 71. Wir hatten Trier eingenommen – und wollten uns in der Nähe des Dorfes Karthaus (Rheinland-Pfalz) zwischen den »Drachenzähnen« der Siegfriedlinie zur Nachtruhe begeben.

Die Einwohner waren schnell verschwunden – meist in die in der Nähe gelegenen Höhlen. Meine Kameraden begaben sich in die Häuser – meist ging es ihnen um Gebrauchsartikel, besonders um Alkohol, aber, offen gestanden, plünderten sie auch.

Ich beschloß, mir Familienalben anzusehen, ich war schockiert, daß sie Photos enthielten, auf denen die *Söhne* dieser Leute orthodoxe Juden belästigten, quälten und sogar folterten! Das also bewahrt man in seinen Familienalben auf?!?

Und es stellte sich heraus, daß derlei in deutschen Familien vollkommen üblich war. Doch in Karthaus erlebte ich dies zum erstenmal.

Ich behielt einige dieser Photos – und besitze sie immer noch. Für mich zeigen sie, wie tief Deutsche sinken konnten – mehr noch als die Photos von knochigen, nackten Leichnamen.

Nach 1945 bin ich nur einmal wieder in Deutschland gewesen – um einen Freund in Berlin zu besuchen; ich habe nicht die Absicht, jemals wieder dorthin zurückzukehren.

Ich schrieb an den Bürgermeister von Karthaus – doch der Brief kam zurück mit der Aufschrift: »Adresse unzureichend«. Unglaublich! Ich hoffe, daß Sie diese Information für Ihre wissenschaftliche Arbeit verwenden können.

Leshana tovah,
Dr. H. L. Zussman

Tennent, New Jersey, den 9. September 1996

VIII.

*»Es ist mir manchmal unheimlich
in diesem Land«*

Deutschland heute

Dear Dr. Goldhagen,

ich hoffe, daß dieser Brief Sie irgendwie erreichen wird. Ich habe Ihr Buch »Hitler's Willing Executioners« gelesen und möchte Ihnen zu dieser wichtigen Veröffentlichung gratulieren. Obwohl ich den Holocaust glücklicherweise nicht selbst miterlebt habe, stimme ich voll und ganz mit Ihrer Einschätzung der Vollstrecker und der Deutschen im allgemeinen überein. Meine eigene Ansicht gründet sich auf die recht ungewöhnliche Erfahrung, im Nachkriegsdeutschland in einer Gemeinschaft von Überlebenden des Holocaust aufgewachsen zu sein. Meine Eltern waren Überlebende des Holocaust und lebten nach dem Kriege zunächst im DP-Lager[1] Föhrenwald bei München. 1956 wurde dieses Lager geschlossen, und meine Eltern wurden zusammen mit anderen, die noch dort verblieben waren, von den deutschen Behörden in einer Wohnanlage in München untergebracht. Ich wurde 1960 in München geboren.

Ich denke, die Deutschen haben im allgemeinen immer noch ein starkes Gefühl für Identität des »deutschen Volkes« und dafür, wer das »Glück haben sollte« dazuzugehören. Meiner Ansicht nach akzeptieren die Deutschen bis heute Angehörige von Minderheiten noch nicht als gleichwertig. Ein Grund dafür besteht meiner Meinung nach darin, daß die Bundesrepublik von Menschen aufgebaut wurde, die im Dritten Reich erzogen worden waren und dort ihre Karriere gemacht hatten. Hinzu kommt, daß Deutschland keine demokratische Tradition besitzt. Demokratie ist den Deutschen stets von außen auferlegt worden,

---

[1] »Displaced Persons«: Dieser Terminus bezog sich auf Personen, die aus rassischen, religiösen oder politischen Gründen durch den Krieg heimatlos geworden waren. Bei Kriegsende gab es schätzungsweise acht bis zehn Millionen DP's in Deutschland.

das war nach dem Ersten Weltkrieg nicht anders als nach dem Zweiten. Die deutsche Gesellschaft im ganzen hat nie für dieses Ziel gekämpft. Ich bin mir sicher, daß die Forschung eines Tages nachweisen wird, wie erfolgreich unverblümte Helfer und Vollstrecker des Holocaust im Nachkriegsdeutschland sein konnten. Ich hoffe, diese Zeilen werden Sie ermutigen, auf dem gegenwärtigen Weg Ihrer Forschung voranzuschreiten.

With best wishes
Yours sincerely
Dr. Samuel Cohen*

London, den 21. Januar 1997

Dear Dr. Goldhagen,

ich schreibe, um Ihnen zu sagen, wie tief mich Ihr Buch »Hitler's Willing Executioners« beeindruckt, und weil ich meine Dankbarkeit und meine Unterstützung für Ihre Arbeit zum Ausdruck bringen möchte.

Ich bin ein italienischer Jude, der seit dreißig Jahren in Deutschland lebt. Ich bin in einer katholischen Tradition aufgewachsen, und obwohl ich nie religiös war, habe ich als Erwachsener zum Judentum (zurück)gefunden.

All meine Familienangehörigen, mit Ausnahme meiner Eltern, sind 1939 in die USA emigriert, doch in Italien hat fast jeder (einschließlich der Kirche und einzelner Priester) den Juden geholfen, und so haben wir alle überlebt.

Inzwischen gehöre ich dem Vorstand der winzigen jüdi-

200

schen Gemeinde unserer Stadt an. Ich interessiere mich sehr für Geschichte, Literatur, Kunst und jüdische Kultur, doch bin ich hierin kein Spezialist. Beruflich befasse ich mich in Forschung und Lehre mit digitaler Nachrichtenverarbeitung.

Ich habe wirklich eine ganze Menge über den »Holocaust« gelesen, aber Ihr Buch hat mir unerwartete Perspektiven erschlossen, da es die Deutschen jener Jahre in den Mittelpunkt stellt, es sagt aber auch (was Ihnen vielleicht gar nicht bewußt ist, weil Sie hier nicht leben) sehr vieles über die Deutschen von heute, obwohl sie nicht mehr ganz dieselben sind. Es gibt in Ihrem Buch eine Schlüsselstelle, die mir die Augen geöffnet hat: Man kann die Deutschen nicht einfach wie ein anderes Volk, etwa wie die Franzosen oder die Holländer, betrachten. Und dies gilt auch heute noch. Man muß sie im Lichte der Überfülle an Tabus, verborgenen irrationalen Regeln, überlieferten Zwängen und Vorurteilen betrachten, die für sie typisch sind.

Es gibt heute keinen weitverbreiteten Antisemitismus (der ist nämlich gesetzlich verboten), aber die Haltung gegenüber allem Ausländischen oder Fremdartigen, gegenüber allen Quellen der Kritik und der Haß auf die »Göttin Vernunft« ist immer noch unverändert. Als Ausländer aus Südeuropa habe ich die ganze Bandbreite der Diskriminierung und der Vorurteile kennengelernt, und andere, die sich in der gleichen Lage befinden, haben das auch erlebt.

Wenn die deutsche Ausgabe Ihres Buches erscheint, werde ich hier kein leichtes Leben haben. Vor einigen Wochen gab es eine faire Rezension in der ZEIT, aber es erschien auch ein entsetzlich tückischer und nicht objektiver Artikel im SPIEGEL, der auf die Argumente Ihres Buches nicht einging, jedoch einzelne (möglicherweise korrekte) Stellungnahmen von Leuten enthielt, die behaupteten, von den Judenmorden nichts gewußt zu haben, womit nahegelegt werden sollte, daß die meisten Deutschen nichts gewußt haben.

Bereits jetzt bekommt man Kritik an Ihrem Buch zu hören, die meist von Mißtrauen bestimmt ist. Kaum jemand hat es gelesen, doch viele sagen, es sei nicht »wissenschaftlich« genug. Ich bin kein Fachmann, aber ich habe den Eindruck, daß es sich um ein außerordentlich verläßliches und gut dokumentiertes Werk handelt, das den Nagel auf den Kopf getroffen hat. Außerdem stützt sich das Werk auf sehr viele deutsche Quellen, die hier sehr gern in Vergessenheit geraten.

Wie dem auch sei, ich möchte Ihnen nun gerne zwei »Perlen« wissenschaftlicher Haltung präsentieren, die frisch aus dem Munde jener revisionistischen Historiker unserer Universität kommen, die Ihre Arbeit wegen »mangelnder Wissenschaftlichkeit« kritisiert haben. Ich habe sie der Diskussion nach einem (sehr guten) Vortrag von Schoeps über die gescheiterte deutsch-jüdische Integration im späten neunzehnten Jahrhundert in unserer Universität entnommen.

»Perle 1«: »Jeder redet vom Antisemitismus; aber mir ist schleierhaft, was damit gemeint ist. Auf dem Dorf, wo ich als Kind lebte, ist den Juden in der Kristallnacht nichts passiert.«

»Perle 2«: »Während der NS-Zeit sind sehr häufig Arbeiter mißhandelt worden, und dennoch wird niemand behaupten, die Deutschen seien grundsätzlich gegen die Arbeiterklasse gewesen. Und genauso war es mit den Juden, man kann nicht sagen, daß die Deutschen im allgemeinen Antisemiten waren.«

Ich hoffe, Sie mit diesem naiven Brief nicht allzusehr belästigt zu haben und daß all dies im Vergleich zu den weit qualifizierteren Kommentaren, die Sie erhalten werden, nicht allzu lächerlich erscheint. Für mich ist entscheidend, daß mein Gefühl der Dankbarkeit für Ihr Buch dazu beitragen möge, Sie bei Ihrer Arbeit zu ermutigen.

Yours
Piero Zamperoni, Dr.-Ing. habil.

Braunschweig, den 26. Juli 1996

Dear Mr. Goldhagen,

gestatten Sie mir, als Leserin Ihrer Veröffentlichung und als Besucherin der Diskussion am 5. September 1996 in der Jüdischen Gemeinde zu Berlin, Fasanenstraße, einige weitergehende Ausführungen zu machen und Gedanken zu äußern.

Ganz unbestritten teile ich Ihre Feststellung, daß viele einfache Deutsche vom Holocaust gewußt haben und über viele Details hin auch daran beteiligt gewesen sind.

Daß deutsche Historiker versuchen, Sie mit einem »theoretischen Historikerstreit« zu widerlegen, ist peinlich und geht völlig am Grundgehalt Ihrer Feststellungen vorbei.

Ich bin Jahrgang 1934, stamme aus einem bürgerlich-gebildeten Elternhaus und kann mich an die nachfolgenden Tage der Pogromnacht 1938 wahrscheinlich so gut erinnern, weil die Reflexion dieses Geschehens (in unserem Wohngebiet in Leipzig) in meiner Familie eine so sehr zutiefst betroffene und entsetzte Situation geschaffen hat. In meiner Familie gab es keine Nazis. Wir sind Buchhändler und haben damit Umgang mit Kultur – wollte man nach damaligem Willen die Juden aus der Weltkultur entfernen, müßte man so unendlich vieles und Kostbares »verschweigen«. Es wäre ein absurdes Unternehmen, vor allem, wollte man es durch die Plattheiten des Nationalsozialismus ersetzen – so war das Denken meiner damaligen Umgebung. Ich muß dennoch schuldhaft bekennen, daß niemand mir aus jener Zeit bekannt ist, der ernsthaft etwas dagegen unternommen hätte, aber als »Mitmacher« darf ich meine Familie ausschließen, was freilich eine unzureichende Entschuldigung für den verübten Völkermord an den Juden ist.

Daß ich in meiner damaligen weiteren Umgebung (Schule, Nachbarschaft, Wohngebiet) sehr viel Antisemitismus, Häme, emsiges Tun und Handeln der Parteigänger des Nationalsozialismus und der willigen Sympathisanten beobachten konnte, ist in meiner Erinnerung. Auch, daß die Juden, wohl die armen unter ihnen, die eine Emigration nicht mehr geschafft haben, aber auch die, die nicht glauben wollten, wie abgrundtief der Vernichtungswille bei den Tätern und Helfern verankert war, und deshalb den Zeitpunkt der möglichen Flucht verpaßten […], noch bis 1942 mit dem Davidstern gekennzeichnet, verachtet, unterernährt, unterversorgt, scheu durch die Straßen schlichen. Danach sah man sie nicht mehr. Was ich als Kind wahrgenommen habe, konnte das nicht auch jeder Erwachsene wahrnehmen? Was war mit ihnen geschehen? Warum fragte niemand?

Es ist das Phänomen dieses Volkes der Deutschen: Es ist ein Volk von »Wegsehern« und »Wegguckern«, und es hat wohl trotz großer klassischer Kulturtraditionen auch etwas mit »Unbildung« und »Nicht-Charakter« zu tun.

Ich stelle das fest, weil man nunmehr nach dem Ende des zweiten deutschen Terrorregimes in diesem Jahrhundert – diesmal war es eine linke Diktatur – das gleiche, wenig rühmliche Phänomen beobachten kann.

Hatte man nach 1945 damit zu tun, daß über alles Geschehene am liebsten das Schweigen ausgebreitet wurde und »Nazis«, abgesehen von den in den Nürnberger Prozessen verurteilten Regime- und Parteigrößen, kaum zu finden waren – und wenn, zog man sich mit der Bemerkung »Man mußte ja in der Partei sein« aus der Affäre und damit aus der Verantwortung –, so erlebt man heute nach dem Mauerfall 1989 und dem Ende des kommunistischen Regimes genau das gleiche: die alten Floskeln und ein mangelndes Unrechtsbewußtsein. Honecker ist tot – ebenso wie damals Hitler –, und man versucht, auf eine einzelne Person alles abzuwälzen. Man faselt von »Befehlsnotstand«, wenn man Menschen auf der Flucht erschoß. Man hat, fragt man die große Masse, wiederum »nichts gewußt«. Man möchte, würde man diesem Wunsch der Täter und »Mitmacher«, aber auch der vielen »Weggucker« entsprechen, über alle menschenverachtenden Maßnahmen den Schleier des Vergessens senken.

Es ist Frevel, wollte man den entsetzlichen Völkermord an den Juden mit irgend etwas vergleichen. Dennoch: War es nicht ebenso totalitär, die gesamte Bevölkerung der DDR für die ungefährdete Durchsetzung einer kommunistischen Ideologie sozusagen unter »labormäßigen«, sterilen Bedingungen hinter einer Mauer zu »verwahren« und damit gewalttätig zu mißbrauchen?

Es ist zumindest auch ein Menschenexperiment, das ebensolche mentalen Voraussetzungen bei den Deutschen haben muß, die in ihrer extremsten Form den Holocaust hervorbringen konnten.

Heute wie damals ist die Bestrafung der Täter milde, die Verfolgung der Untaten schleppend. Die Macher von gestern verfolgen schon wieder die Opfer oder machen sich zu Sprechern »aller Ostdeutschen« im Bundestag.

Der teilweise makaber anmutende Eifer, mit dem die Deutschen sich zum fünfzigsten Jahrestag des Endes des Hitler-Regimes der Aufarbeitung der Schuld verstärkt zuwenden, löst bei mir das ungute Gefühl aus, daß man das noch frische Unrecht des SED-Staates damit zudecken will. Langjährig vergangenes Unrecht arbeitet sich wohl besser auf, weil dann viele Zeitzeugen bereits tot sind. Warten wir für die Aufarbeitung der zweiten deutschen Diktatur wiederum fünfzig Jahre? Es ist eine bittere Feststellung der Menschen meiner Generation und meiner Denkungsart.

Ich wünsche Ihnen, sehr verehrter Herr Goldhagen, weiterhin unbeirrbaren Mut für Ihr Werk und Ihre Thesen und den Erfolg, der Ihnen unbestritten gebührt.

With best wishes

Yours
Else Obermann*

Berlin, den 23. Oktober 1996

Dear Professor Goldhagen,

ich habe einen Blick in Ihr Buch geworfen und Sie einige Male im Fernsehen gesehen.

Ich habe viele Jahre in Deutschland gelebt, wo ich an einer Provinzuniversität in Bayern unterrichtet habe. Ich halte Ihr Buch für recht gut.

Als ich dort lebte, konnte ich mich sehr gut in das Umfeld einleben, da ich deutscher Abstammung bin. Ich habe dort drüben festgestellt, daß es eine gewisse Sympathie für die Verfolger der Juden gab. Viele Leute sagten: »Das mit den Juden ..., es war nicht so ...«

Und was noch schlimmer war: Am Geschichtsinstitut der Universität gab es keine Lehrveranstaltungen über die Geschichte des Holocaust, darüber wurde dort auch nicht geforscht. Alle Forschung diente dem Ziel, die Bedeutung der Phase von 1933 bis 1945 herunterzuspielen.

Eine ganze Zeitlang war ich der Ansicht, man solle es den Deutschen ermöglichen, ein gewisses Selbstwertgefühl zu entwickeln und nicht zu viel über diese Zeit reden. Inzwischen habe ich einiges darüber gelesen, wie viele Kriegsverbrecher später Professoren und sogar linke Kritiker des Nationalsozialismus geworden sind, daraufhin habe ich meine Ansicht geändert. Ich meine jetzt, es ist wichtig, solange wir können, über den Holocaust zu schreiben und zu reden.

Michael Kraft

Bryan/Texas, den 26. Mai 1996

Sehr geehrter Professor Goldhagen,

ich habe Ihr Interview mit gemischten Gefühlen gelesen. Sie sind in eine Falle geraten. Der alte Fuchs Augstein hat Sie reingelegt.

Das, was Sie am Ende des Gesprächs gesagt haben, war genau das, was Augstein von Ihnen hören wollte. Sie, derjenige, der in Ihrem Buch gezeigt hat, daß Hitler nicht zufällig in Deutschland seine Untaten treiben konnte, daß der Boden hierfür sehr, sehr fruchtbar war, ausgerechnet Sie sehen die neue Generation – nach nur fünfzig Jahren – als total geheilt und raten ihr, frei und unbekümmert ihr Leben zu führen. Sie, der Sie vollkommen richtig die Wurzeln des Bösen schon Jahrhunderte zurück ausfindig gemacht haben und die Kontinuität und die immer weiter steigende Tendenz dieses Antisemitismus so betont haben, ausgerechnet Sie sehen jetzt eine plötzliche Unterbrechung dieses Prozesses in nur fünfzig Jahren!

Wie kann man so leichtsinnig über die Generation der Enkel sprechen, ihr eine Reinheitbescheinigung ausstellen, nur weil sie so ähnlich aussieht wie ihre gleichaltrige aus den USA oder anderswo?

Was diese Kinder in ihren Wohnungen von ihren Eltern und Großeltern hören, fühlen, atmen und wie sich das auf ihre Seele auswirkt, ist, glaube ich, viel schwerwiegender als all das, was das offizielle Deutschland in den Medien vorzeigt (und sich dabei ehrlich bemüht).

Ich bin Jude und lebe in diesem Land seit 25 Jahren. Ich weiß, daß ein Prozeß der Besserung im Gange ist, aber wie stabil, wie tief die Wirkung auf die breite Masse der Bevölkerung ist, wird sich erst in den nächsten Jahrhunderten zeigen. Gegenwärtig gibt es hier immer noch einen fruchtbaren Boden für das Böse.

(Im übrigen hat sogar Augstein auf Ihren naiven Satz: »Wer wäre denn nicht überzeugt, daß die allermeisten Deutschen heute für Demokratie sind und an demokratische Institutionen glauben?« mit »Ich wäre da nicht so sicher« gekontert.)

Mit freundlichen Grüßen
Herbert Fiedler*

Darmstadt, den 22. August 1996

Sehr geehrter Herr Goldhagen,

die Auseinandersetzung über Ihr Buch in Deutschland hat mich betroffen gemacht und mich veranlaßt, Ihnen zu schreiben.

Kurz zu meiner Person: Ich bin 1942 geboren, studierte Geschichte, Volkswirtschaft, Archivwissenschaft und auch Literatur. Bis 1990 lebte ich in der ehemaligen DDR. Ich gehörte zu denen, die ein absolutes Reiseverbot betraf. Das hatte viele Nachteile für mich. Es bringt aber auch mit sich, daß ich viele Dinge im nun vereinten Deutschland unvoreingenommen und distanziert sehe. Dazu gehört auch die gegenwärtige Diskussion.

Der Antifaschismus in der DDR war einseitig. Gerade diese Einseitigkeit zwang, wenn man Antworten suchte, sich mit Problemen zu beschäftigen, die außerhalb der öffentlichen Ideologie lagen.

Als Deutscher muß man mit Auschwitz und dem Holocaust leben. Das fällt sehr schwer.

Sieht man sich die Nachkriegsgeschichte an, so gab es zwei Erklärungsschemata in Deutschland:

Ost: Es waren die Nazis, die wir (also die Kommunisten bzw. die Russen) bestraft oder zumindest von jedem weiteren Einfluß ausgeschlossen haben. Die Nazis wurden als Teil der Bourgeoisie im Marxschen Sinne hingestellt.

West: Treffend war der Vers »Wir sind noch einmal davongekommen«. Die Frage, wie es dazu kommen konnte, ist sehr wenig gestellt worden. Es hat Ansätze einer ehrlichen Auseinandersetzung gegeben, die aber bald von Kräften, die daran nicht interessiert waren, zurückgedrängt wurden. Der Streit um Einzelpersonen und ihre Verstrickung in der Nazi-Zeit hält bis heute an (und es wird ja auch noch Neues entdeckt).

Da ich, wie schon angeführt, die bundesdeutsche Gesellschaft betreffend völlig isoliert war, möchte ich einen Eindruck wiedergeben: Von allen Diskussionen über die jüngste Vergangenheit, von den Forschungsergebnissen der Geschichte, ist erschreckend wenig in das öffentliche Bewußtsein gedrungen, und die Bundesrepublik war und ist ein Land ohne Zensur (im Unterschied zur DDR und den anderen Ostblockstaaten).

Die Frage, wie Auschwitz und der Holocaust passieren konnten, ist (meines Wissens) nie im breiten Maße diskutiert worden. Ergebnis wäre gewesen, sich mit der Väter- und Großvätergeneration kritisch auseinanderzusetzen. Statt dessen habe ich oft ein sehr dummes Argument gehört: Wir (also die Bundesrepublik) haben große Entschädigungssummen gezahlt. Das Geldargument spielt im öffentlichen Bewußtsein leider eine sehr große Rolle.

Ich habe versucht, den Fragen, die sich mir stellten, durch eine Analyse des Verhaltens der Menschen in der Kleinstadt, in der ich aufgewachsen bin, vor und während der NS-Zeit nachzugehen.

Meine Fragen waren: Warum war der Jude etwas anderes, warum verhielt man sich ihm gegenüber anders als zu anderen Mitbürgern? Warum spielte es bei beruflichen Entscheidungen (z. B. Beförderungen) oder vor Gericht eine Rolle, ob jemand Jude war? Dies kann man fortsetzen. Wohlgemerkt, ich bezog das nicht auf die Zeit ab 1933, sondern auf den Zeitraum davor.

Eine Kleinstadt ist immer ein Prisma der großen Politik.

Erstaunlich war für mich die antisemitische Einstellung des sogenannten »kleinen Mannes«, also der Arbeiter und Angestellten, derjenigen, die die SPD und mit Abstand die KPD gewählt haben. Bis heute bin ich der Meinung (auch wenn ich nur in einer Kleinstadt recherchiert habe), daß die beiden Arbeiterparteien damals wie heute (ich weiß, es gibt keine KPD mehr) zum Antisemitismus in den eigenen Rei-

210

hen ihrer Wähler zuwenig gesagt haben. Der Antisemitismus fand breitere Zustimmung als andere Ziele der NS-Partei. Leider!

Die Frage, warum Juden etwas »anderes« sind, warum gegen sie »etwas gemacht werden mußte«, hat mir keiner plausibel beantwortet. Gerade diese Nichtbeantwortung wirft die Umkehrung der Frage auf. Warum stellten die Bewohner der Kleinstadt etwas fest, was sich weder beweisen noch sonstwie erklären ließ? Was hat sie dazu getrieben? Warum mußte es »andere« geben, auf die man eigenes Versagen und Ängste abwälzte? War es die materielle Bedrohung nach dem verlorenen Krieg, die Wirtschaftskrise? Oder liegt es in der deutschen Geschichte begründet?

Das neunzehnte Jahrhundert war in Deutschland reich an Antisemitismus. Die Rolle der evangelischen und katholischen Kirche war damals ebenso wenig ein Ruhmesblatt wie in der Zeit nach 1933. Es müssen vielleicht Instrumentarien anderer Wissenschaften, u. a. Soziologie, Psychologie, herangezogen werden, um zu weiteren Ergebnissen zu kommen (Nationalcharakter?).

Die Frage, warum das in Deutschland geschehen konnte, ist für mich noch nicht endgültig beantwortet. Ihr Buch war mir, um neue Einsichten und Antworten zu gewinnen, eine entschiedene Hilfe. [...]

Sehr geehrter Herr Goldhagen, mein Brief hat nur die Absicht, in der aufgeregten Diskussion darauf hinzuweisen, daß es auch andere Reaktionen auf Ihr Buch als die in den Zeitungen in Deutschland gibt.

Mit freundlichen Grüßen
Herwart Pittack

Berlin, den 12. August 1996

Sehr geehrter Herr Goldhagen,

ich habe die Diskussion um Ihr verdienstreiches Buch seit einiger Zeit in Deutschland verfolgt und es nun auch fast zu Ende gelesen. Ich möchte Ihnen danken für Ihre Arbeit, und ich hoffe, in Deutschland wird »die Vergangenheit« noch einmal offener und von Jüngeren diskutiert werden können.

Ich habe selber seit etwa fünf Jahren an der Frage geforscht, was es persönlich für Menschen waren, die so viel Schreckliches in der Nazi-Zeit zuließen und selber machten. Meine Eltern waren im KZ und im Arbeitslager: meine Mutter, die Widerstand gegen die Nazis leistete und im Zuchthaus saß, und mein Vater als verschleppter Pole, der beim Einmarsch der Deutschen in Lódz Widerstand zu organisieren versuchte. Sie überlebten beide, aber psychisch und physisch mit großen Schäden, mein Vater ist schon länger tot. [...]

Ich denke, wir Jüngeren sollten wie Sie in das Tabu neu hineingehen und analysieren können, was es war, auch um Tendenzen zu begreifen, die durchaus noch sind und wieder aufflammen könnten, wenn die existentielle Sicherheit in der Bevölkerung immer weiter durch Wirtschaftskrise etc. entfällt. Ich fühle mich auch verantwortlich für das Geschick der Menschheit und bin deshalb wohl auch Philosophin geworden.

Ich durfte in keiner Universität in Deutschland mit meiner patriarchatskritischen Forschung in der Philosophie promovieren und habe es schließlich aufgegeben, dort arbeiten zu dürfen. Ich schlage mich so recht und schlecht auf dem freien Markt durch und sehe mit Unbehagen, wie mehr und mehr demokratische Formen abgeschafft werden von Beamten in vielen Institutionen, alles mit dem Grund von Sparmaßnahmen und Sachzwängen. Da ich auch seit dem

Mauerfall in Ostdeutschland ab und an arbeite und inzwischen viele Menschen dort kennengelernt habe, verstehe ich auch besser die Mentalität, die normale Menschen in einem totalitären Gesellschaftssystem entwickeln. Was mich schockierte, war auch der offene Antisemitismus, mit dem noch Regimegegner im Anfang der DDR-Zeit ganz selbstverständlich verfolgt wurden.

Jeden Tag kann es passieren, daß ein Taxifahrer oder irgendwer irgendwo plötzlich in einen seltsamen Haß gegen eine Menschengruppe ausbricht, ob das nun »Ausländer« sind oder andere. Es hat dieses Auslöschenwollen immer noch in der Stimme. Gestern stieg meine Freundin mitten auf dem Ku'damm in ein anderes Taxi um, weil sie die Schimpferei des Taxifahrers auf einen Betrunkenen am Straßenrand nicht mehr aushielt. [...]

Es ist mir manchmal sehr unheimlich, in diesem Land zu leben und diesen Haß auf Andersdenkende oder Andersseiende zu spüren, auch in akademischen Kreisen. Die Reaktionen von Akademikern auf Ihr Buch, ihre ungeheuer verfälschende Wiedergabe und das Unvermögen, auf andersgeartete Argumentation als die eigene einzugehen, habe ich als übliche Haltung von Professoren erfahren. So eine Arbeit wie die Ihre wäre hier niemals als Doktorarbeit angenommen worden, weil sie viel zu selbständig ist. Sie verletzen damit das behäbige, von Menschen abstrahierte Selbstverständnis vieler deutscher Professoren und ihrer Abhängigen.

Ich bin auch erschrocken darüber, daß sogar Leute wie Augstein plötzlich Ihnen irgendwelche Fehler nachweisen wollen, daß auch die Kritischen nichts an »ihren Hitler« heranlassen. Zeigen diese Ihre Kritiker nicht, daß sie möglicherweise auch in sich selber noch etwas überdeckt gehalten haben, was sich nun regt, wenn ihr Hitler und die Hitlerdeutschen von einem jungen Amerikaner jüdischen Glaubens angegriffen werden? Ich verstehe diese Abwehr nicht,

d. h., sie macht mir großes Unbehagen über diejenigen, die bei uns die öffentliche Meinung zu prägen imstande sind. Es kann sein, daß Sie einige kleinere Fehler machen, aber *diese* seltsamen Kritiker nehmen diese, um das gesamte Konzept und die Kritikrichtung zu verdammen. [...]

Sie haben es gut, daß Sie in Amerika leben, es muß ein freieres Land sein, wenn solche Arbeiten wie die Ihre als Doktorarbeiten angenommen werden. Ich bin mit dem Vorurteil aufgewachsen, daß die Amerikaner oberflächlich und machtorientiert seien, und finde es sehr schade, daß es im deutschen Fernsehen fast nur amerikanische Gewalt- und Actionfilme zu sehen gibt, aber Ihre Arbeit hat mich davon überzeugt, daß es in Amerika freier zugehen muß als hier, auch in einem tieferen menschlichen Sinne. [...]

Ich würde mich über eine Antwort von Ihnen freuen und hoffe, Sie empfinden es nicht als Zumutung, daß ich soviel geschrieben habe, aber ich arbeite ziemlich alleine hier, und mein Herz ist einfach voll von all dem Leben hier in einem Deutschland, das meiner Ansicht nach noch nicht geheilt ist, aber geheilt werden kann, auch durch so ein Buch wie Ihres. Und ich finde, daß Sie sehr vorsichtig mit den Verallgemeinerungen umgehen, und kein Deutscher heute braucht sich beleidigt zu fühlen. [...]

Mit freundlichen Grüßen und viel Erfolg für Ihre Arbeit
Annegret Stopczyk

Berlin, den 18. September 1996

Eine Antwort
auf die Briefe meiner Leser

Ich danke Ihnen für Ihre Briefe. Daß Sie durch mein Buch und die anschließende Debatte dazu angeregt wurden, sich die Zeit zu nehmen, an mich zu schreiben, freut mich sehr. Mein Dank gilt dabei nicht nur jenen, die mein Buch loben, sondern ebenso denen, die es kritisch sehen. Viele Ihrer Briefe haben mich bewegt.

Die Publikation von »Hitlers willigen Vollstreckern« war nicht immer eine leichte Angelegenheit. So glücklich ich auch insgesamt über die Rezeption des Werkes bin, so gab es doch auch viele schwierige und anstrengende Momente. Bevor das Buch erschien, glaubte ich, es würde auf ein angemessenes Maß an Aufmerksamkeit innerhalb und außerhalb der akademischen Welt stoßen, vielleicht sogar auf eine ganze Menge, und ich hoffte auch, viele Menschen veranlassen zu können, ihre Ansichten über den Holocaust zu überdenken. Aber ich hätte nicht einmal im Traum erwartet, daß es die ungeheure Reaktion hervorrufen würde, die es in Deutschland und überall auf der Welt ausgelöst hat, oder daß es mich persönlich so stark ins Licht der Öffentlichkeit rücken würde, wie es dann geschehen ist. Ich hätte auch nie gedacht, daß ich zur Präsentation des Buches durch Deutschland reisen und unter anderem an sechs öffentlichen Podiumsdiskussionen teilnehmen würde, von denen einige von überregionalen Fernsehprogrammen veranstaltet und ausgestrahlt wurden. Ebensowenig war ich darauf vorbereitet, daß einige dieser Veranstaltungen sich mehr oder weniger zu offenen polemischen Gefechten entwickelten. Ich habe sicher nicht geahnt, daß all das, was mit diesem

Buch zusammenhängt, vom Zeitpunkt seiner Publikation vor sechzehn Monaten an bis heute meine gesamte Zeit in Anspruch nehmen würde, sowenig wie ich damit gerechnet hätte, über eine so lange Zeit hinweg eine unaufhörliche Flut von Briefen meiner Leser zu bekommen; Briefe, die mich nachdenklich machten, über die ich mich oft freute, manchmal auch ärgerte und die mich insgesamt in der Auffassung bestärkten, daß das Buch Menschen erreicht und zu intensivem Nachdenken veranlaßt hat.

Daß man die Gelegenheit erhält zu erfahren, was Menschen mit ganz unterschiedlichen Lebensläufen und verschiedenartigen Sichtweisen über ein Thema denken, das sie alle tief bewegt, ist selten. Ihre Briefe haben mich in ganz besonderer Weise verstehen lassen, wie lebendig dieses Thema für viele Menschen ist; die Lektüre aller veröffentlichten Rezensionen und Kritiken zu meinem Buch hätte dies so nie vermocht. Sehr viele Ihrer Briefe verdienen einen eigenen Kommentar. Ich möchte hier zunächst nur einige erwähnen, bevor ich allgemeiner auf die Briefe insgesamt eingehe.

Obwohl ich allen, die mir zustimmende Briefe geschickt haben, zutiefst dankbar bin – etwa Cilly Helfrich, Henry-Etienne Lévi, Herwart Pittack, Else Obermann* und vielen anderen, die ich weiter unten noch erwähne, sowie viele, deren Briefe in diesem Band nicht enthalten sind –, so möchte ich an dieser Stelle doch insbesondere Susanne Büsing nennen. Ihr zweiter Brief erreichte mich zu einem kritischen Zeitpunkt, gerade als mein Buch in Deutschland veröffentlicht wurde. Sie haben mich in zwei wichtigen Überzeugungen bestätigt: daß erstens die Menschen in Deutschland sich trotz monatelanger irreführender Angriffe auf mein Buch nicht abschrecken lassen würden, selbst herauszufinden, was es tatsächlich sagt, und daß zweitens viele einen Nutzen daraus ziehen würden, obwohl ihnen nahegelegt worden war, etwas anderes zu glauben. Ihre beiden Briefe zusammengenommen sind gleichsam beispielhaft für die Rezeption meines Buches in Deutschland – und eine vernichtende Kritik derjenigen, die mit ihren publizistischen Äußerungen zunächst so viele Menschen in die Irre geführt haben.

Für einen Gelehrten kann es kaum etwas Befriedigenderes geben, als zu erfahren, daß junge Menschen wie die von Inge Barth-Grözinger unterrichteten Abiturienten sich mit seinem Werk auseinandersetzen und beschließen, es in die Ausstellung aufzunehmen, die sie für ihre Schule und ihre Stadt vorbereiteten. Daß so viele von ihnen, die dem Buch ursprünglich »voller Ablehnung« gegenüberstanden, ihren spontanen Widerwillen überwanden, ist zweifellos Ihnen als Lehrerin zu verdanken und der Bereitschaft Ihrer Schüler, sich dem historischen Material offen zu stellen und ihre vorgefaßten Meinungen kritisch zu überprüfen.

Bestimmte Briefe haben mich besonders bewegt. Wen die Briefe der Opfer und ihrer Familien, wen die Geschichten jener, die in einem Ausmaß und in einer Weise Ungerechtigkeiten und Schmerz erlitten haben, die sich die meisten von uns nie werden vorstellen können, nicht berühren, der hat ein Herz aus Stein. Man sollte stets einen Augenblick lang innehalten, wenn man auf einen Überlebenden des Holocaust aufmerksam gemacht wird oder auf einen Überlebenden anderer Völkermorde wie etwa desjenigen in Ruanda. Man sollte den Moment nutzen, um über die Leiden nachzudenken, die dieser Mensch erlebt haben muß.

Ich empfinde große Sympathie für all jene Deutschen, die nach dem Krieg geboren wurden oder bei Kriegsende Kinder waren und die sich dennoch – obwohl sie nicht schuldig sein *können* – mit dem auseinandersetzen mußten, was ihre Eltern getan oder unterlassen haben, mit dem, was »im Namen des deutschen Volkes« geschehen ist. Für ein Kind ist dies eine schreckliche und übermäßige Last, und trotzdem hat man sie Millionen von Deutschen aufgebürdet.

Sie berührten mich bereits in London tief, Ingrid Numa, als Sie mir erzählten, mein Buch habe Ihnen geholfen, Ihre Familie zu verstehen. Ihr späterer Brief erinnerte mich an Ihre Worte und ergänzte die Geschichte. Ich bewundere Sie und alle Deutschen, die den Mut haben, sich mit all den schwierigen und schmerzlichen Fragen, die Ihnen hinterlassen worden sind, unaufgefordert auseinanderzusetzen, ebenso wie mit den Gefühlen, die damit verbunden sein müssen.

Ich weiß, daß viele, wenn auch nicht alle der Deutschen, die die nationalsozialistische Zeit erlebt, die dem Regime vielleicht gedient und in manchen Fällen sogar Verbrechen gegen Juden und andere verübt haben, ihre früheren Überzeugungen und Taten inzwischen mit ganz anderen Augen sehen. Ich versuche mir vorzustellen, was sie denken und fühlen mögen, wenn sie darüber nachdenken, wie sie einmal gewesen sind. Ich finde darauf kaum Antworten. Günther Kießling, der bei Kriegsende vierzehn Jahre alt war und, wie er selber sagt, ein Produkt der »nationalsozialistischen Erziehung und Propaganda«, damals ein Junge, der antisemitische Lieder sang und zu den Hitlerjungen gehörte, die den »jüdischen Schneemann« bauten, der in der *Zeit* zusammen mit meiner Antwort an meine Kritiker abgebildet worden ist, ist nun von »tiefer Scham« über all dies erfüllt. Dr. Karl Bartels, der in der »Mordinstitution Wehrmacht« diente, hat jahrelang daran gearbeitet, sich vom Antisemitismus zu befreien. Sein nationalistisches Elternhaus der oberen Mittelschicht, so berichtet er, sei davon »zutiefst geprägt« gewesen. Der Brief der »vier ehemaligen mißbrauchten und verführten Soldaten der Wehrmacht« bedarf in dieser Hinsicht keines weiteren Kommentars.

Der Schmerz von Margarete Lüthy, deren Vater unter mysteriösen Umständen während seiner Dienstzeit im Polizeibataillon 101 starb, ist förmlich greifbar. Die Tatsache, daß Sie und Ihre Familie all die Jahre lang nicht herausfinden konnten, warum er starb und wo er beerdigt wurde, obwohl in Ihrer näheren Umgebung Menschen lebten, die Ihnen darüber hätten Auskunft geben können, ist höchst bewegend, und dies gilt um so mehr, als Sie vermuten, daß Ihr Vater getötet wurde, weil er ein guter Mensch war. Sie haben natürlich recht, wenn Sie hervorheben, »daß Deutsche auch Deutschen was getan haben«. In jener Zeit des wütenden Antisemitismus, als Ihr Land Juden auf mörderische Weise verfolgte, war es für einzelne gefährlich, für Juden einzutreten, weil dies, wie Sie es formulieren, den Antisemiten »nicht in den Kram paßte«.

Allgemeiner gesprochen, zeigen Ihre Briefe, sowohl durch die schiere Anzahl als auch durch ihren Inhalt vielleicht vor allem eines: Sie machen deutlich, wie aktuell der Nationalsozialismus und der Holocaust auch heute noch sind. Mein Buch hat offensichtlich einen Nerv getroffen. Auch wenn dies in der Auseinandersetzung über mein Buch mittlerweile bereits zum Gemeinplatz geworden ist, ist es wert, hier festgehalten zu werden. In der Kraft und der Leidenschaft Ihrer Antworten spiegeln sich die Reaktionen anderer wider, nicht zuletzt jener, die mein Buch öffentlich kommentiert haben. Während der vielen Podiumsdiskussionen, an denen ich teilgenommen habe, kamen immer wieder starke Gefühle zum Ausdruck, die sich mitunter auch in starken Worten sowohl von seiten der Diskussionsteilnehmer als auch von seiten der Zuhörer Luft gemacht haben. Wenn ich Vorträge, zumeist in den Vereinigten Staaten, zu diesem Thema halte, äußern sich viele Leute während der Diskussion und auch später im privaten Gespräch mit großem Nachdruck und sehr gefühlsbetont. Die Menschen reagieren selten lau, ganz gleich ob sie nun meine Schlußfolgerungen akzeptieren oder nicht oder ob sie das Buch gelesen haben oder nicht. Und dies gilt gleichermaßen für Deutsche und Nicht-Deutsche, für Juden und Nicht-Juden, für Menschen, die auf eine direkte Weise mit den Ereignissen dieser Periode verbunden sind, und für solche, auf die dies nicht zutrifft.

Auf eine so große Zahl von Briefen zu antworten, in denen so viele verschiedenartige und wichtige Themen angesprochen werden, ist nicht leicht. Ihre Briefe machen deutlich, daß »Hitlers willige Vollstrecker« und die nachfolgende Diskussion eine enorme Bandbreite von Widerständen, Perspektiven und Gefühlen heraufbeschworen haben. Mit einigen stimme ich teilweise überein, über andere freue ich mich, andere halte ich für falsch oder gar bedauerlich. Ich kann unmöglich auf jeden aufgeworfenen Punkt eingehen und möchte dies daher auch gar nicht erst versuchen. Auf alle wesentlichen Kritikpunkte, falschen Darstellungen oder Auffassungen, die meiner Ansicht nach irrig sind und von denen sich einige auch in Ihren Briefen finden, habe ich bereits öffentlich geantwortet. Diejenigen, die daran interessiert sind, können die Antwort auf meine Kritiker in der ZEIT vom 2. 8. 1996 lesen, das Vorwort zur deutschen Ausgabe meines Buches, das sich ebenfalls ausdrücklich mit vielen dieser Fragen befaßt, oder am besten das Buch selbst. Statt also noch einmal eine umfassende Erwiderung vorzulegen, scheint es mir sinnvoller, mit Ihnen einige allgemeine Gedanken zu teilen, die Ihre Briefe ausgelöst haben.

Offenbar gibt es verschiedene Diskussionen über mein Buch, die sich mitunter auch überlappen. Die eine Debatte konzentriert sich auf das deutsche Volk und die Juden, das Ausmaß des Antisemitismus unter den Deutschen und deren Kenntnisstand über die Verfolgung und Ausrottung der europäischen Juden. Eine zweite Diskussion beschäftigt sich mit den Wesensmerkmalen des nationalsozialistischen Deutschland. War es eine terrorisierte Gesellschaft? Welche Möglichkeiten hatten die Menschen als einzelne und als

Kollektiv, die Ereignisse jener Zeit zu beeinflussen? Eine weitere Auseinandersetzung dreht sich um den Holocaust selber und um seine Täter, darum, wie man diese schildern und interpretieren sollte. Viertens geht es um die Rezeption meines Buches – sowohl durch die einflußreichen Meinungsführer als auch durch das breite Publikum – und darum, was diese Rezeption über das heutige Deutschland aussagt. Hierher gehören auch die an den Haaren herbeigezogenen Themen, die manche Kritiker aufgeworfen haben, etwa die Kollektivschuldthese und meine persönliche Biographie, die letztlich nur dazu dienen, die Öffentlichkeit von den eigentlichen historischen Fragestellungen abzulenken. Und ein letzter Themenkreis, der in vielen Reaktionen mitschwingt, selbst wenn dies nicht explizit zum Ausdruck gebracht wird, betrifft Fragen der Schuld und Verantwortung sowie des richtigen Umgangs mit der Vergangenheit.

Während Sie in Ihren Briefen nahezu einstimmig den Holocaust entschieden verurteilen, stimmen Sie doch in einer Reihe von Themen nicht überein. Bevor ich auf einige davon konkret eingehe, möchte ich jedoch noch einen Sachverhalt deutlich machen, der eigentlich offensichtlich ist. Wer die Ereignisse, um die es hier geht, aus eigener Anschauung kennt, mißt selbstverständlich der eigenen Erfahrung besonderes Gewicht bei, selbst wenn sie nicht repräsentativ sein sollte. Wir alle stehen immer wieder vor der schwierigen Aufgabe, die Erlebnisse anderer Menschen (und unsere eigenen), die widerstreitenden analytischen Rahmen und Modelle, mit denen Historiker und Sozialwissenschaftler arbeiten, und das ungeheure Spektrum anderer vorliegender Beweise gegeneinander abwägen zu müssen. Die Tatsache, daß ich mich jahrelang mit diesen Fragen auseinandergesetzt und triftige Argumente dazu vorgebracht habe, setzt mich nicht automatisch ins Recht oder Sie ins Unrecht. Ich glaube jedoch, daß einige Ihrer allgemeinen

Annahmen nicht zutreffen – was nicht heißt, daß ich Ihre persönlichen Erfahrungen bestreite –, und ich möchte Ihnen darlegen warum.

Diejenigen, die leugnen, daß es in Deutschland einen weitverbreiteten Antisemitismus gab, sind einfach im Irrtum. Die Aussagen jener, die das Gegenteil bezeugen, ganz zu schweigen von den unzähligen Beweisen, die nicht nur in meinem Buch zu finden sind, widerlegen jede derartige Behauptung, sofern sie Anspruch auf Allgemeingültigkeit erhebt – und zwar auch dann, wenn Sie selbst sich als einzelne vielleicht in Kreisen bewegt haben, die frei oder doch weitgehend frei von Antisemitismus waren. Einer der Leser, dessen Brief in dem hier vorliegenden Band nicht enthalten ist, interviewte während des Krieges »Hunderte von Deutschen«, die als Kriegsgefangene in amerikanischem Gewahrsam waren. »Sie rühmten sich ihres Hasses auf die Juden und warnten uns in arroganter Weise vor dem Schicksal, das uns erwartete, wenn sie Amerika eroberten – nämlich das der europäischen Juden.« Wie viele Zeugnisse in der Art eines Dr. Bartels, eines Ernst Brunzel, einer Helene Preminger, eines Gerd Schmidt* oder Wolfgang Schröder sind nötig, damit wir endlich den Punkt erreichen, an dem wir nicht länger fruchtlos darüber debattieren, ob es in Deutschland entweder einen universell verbreiteten eliminatorischen Antisemitismus oder überhaupt keinen gab? Statt dessen sollten wir anerkennen, daß der Antisemitismus in Deutschland außerordentlich weit verbreitet war, und uns mit den eigentlichen Folgen befassen: Wie viele Menschen waren zu verschiedenen Zeiten antisemitisch eingestellt, was genau über die Juden dachten sie, und welche politischen Vorgehensweisen gegen Juden waren ihnen bekannt und wurden von ihnen unterstützt?

Auf die öffentliche Leugnung im Nachkriegsdeutschland, daß es in den dreißiger Jahren und davor weitverbreiteten

224

und bösartigen Antisemitismus gegeben habe, geht Ulla Hundemer ein. Als Kind konnten Sie nach dem Kriege in Ihrer Umgebung immer wieder antisemitische Äußerungen hören, verbunden jedoch mit der Warnung: »Das darf man aber jetzt nicht mehr sagen!« So lernten Sie zwei Wahrheiten auf einmal: daß erstens die Menschen um Sie herum Antisemiten waren, daß sie aber zweitens unter den neuen politischen Verhältnissen im Nachkriegsdeutschland ihren Antisemitismus und ihre wirklichen Ansichten nur heimlich offenbarten. Doch wie so viele Angehörige Ihrer Generation, die in einer Gesellschaft aufwuchsen, die den Antisemitismus öffentlich ablehnte, akzeptieren Sie die »Wahrheiten« über die Juden nicht mehr, jene »selbstverständliche Ablehnung der Juden«, die für die ältere Generation damals so typisch war und die man auch Ihnen zu vermitteln suchte. Wie viele Photoalben, wie sie H. L. Zussman in ganz normalen deutschen Haushalten fand – und die Aufnahmen enthielten, auf denen die Söhne der Familie Juden quälten –, sind nicht zerstört worden und werden bis zum heutigen Tage stolz der Familie und den Freunden präsentiert? Ich vermute, nur wenige sind erhalten geblieben und noch weniger werden gezeigt.

Interessant ist in diesem Zusammenhang auch die allgemein zu beobachtende einäugige Lektüre der Tagebücher Victor Klemperers. Wiederholt wird Klemperer wie von Dr. Bruno Westbunk in der Diskussion um mein Buch als angeblicher Beleg herangezogen, daß es in Deutschland keinen Antisemitismus gegeben habe.

Klemperer, der als deutscher, ja deutschnationaler Jude die deutsche Kultur von ganzem Herzen liebte, griff nur zu gern nach jedem Zeichen, das als Mangel an Feindseligkeit gegenüber Juden gedeutet werden konnte, und es gibt Tagebucheintragungen, die diese Sichtweise stützen. Andere Einträge jedoch legen nahe, daß das Land von Judenhaß förmlich durchzogen war. An einem Tag im Juli 1942 war er so verzweifelt, daß er sich fragte, ob ein jüdischer Kollege, der ihm gegenüber darauf bestanden hatte, daß fast alle Deutschen »die Greuel« gegen die Juden befürworteten, nicht doch im Recht war (Bd. 2, S. 186 f.). Noch im März 1945 berichtet Klemperer von einer Begegnung mit einem entschiedenen Gegner der Nazis, der dennoch zugab: »Nur die Juden hasse ich, da bin ich wohl doch ein bißchen beeinflußt« (Bd. 2, S. 704). Man sollte außerdem bedenken, daß Klemperer nur ein Zeuge unter vielen ist. So lebte etwa der jüdische Kollege, auf den er Bezug nimmt, in denselben Zeiten im selben Land und kommt, wie Klemperer selbst berichtet, zu gänzlich anderen Eindrücken und Schlußfolgerungen.

Selbst einige unter Ihnen, die mein Buch kritisch sehen, bestätigen – in manchen Fällen durchaus ungewollt – meine Darstellung des Antisemitismus in Deutschland. Paul Schleicher, der in herausfordernder Weise immer noch stolz auf seine und Deutschlands »Leistungen« während des Krieges ist, legt dar, »daß die Deutschen ihre jüdischen Nachbarn als Fremdkörper im deutschen Volke betrachtet haben«. Daß Sie dies dann zu rechtfertigen suchen, schwächt Ihr Eingeständnis nicht ab, daß »die Deutschen« – und dies ist *Ihre* Formulierung – die Juden als »Fremdkörper« ansahen und also, um es in meiner Sprache zu sagen, eliminatorische Antisemiten waren – denn ein Fremdkörper muß definitionsgemäß eliminiert werden.

Eberhard Wendebourg, Jahrgang 1924 und Mitglied nationalsozialistischer Jugendverbände, behauptet, die »Judenfrage« habe für ihn während der nationalsozialistischen Zeit keine Rolle gespielt, doch angesichts seiner übrigen Darstellung wird nicht deutlich, was er damit sagen möchte. Dennoch bestätigen Sie, Herr Wendebourg, daß Ihre Generation vom Antisemitismus nicht unberührt blieb, »als man das öf-

226

fentlich publizierte Negativbild unbewußt in sich aufnahm«. Und da Sie keine Juden kannten, hätten Sie sich, so räumen Sie ein, auch kein anderes Bild von ihnen machen können. Mit diesen wenigen Sätzen skizzieren Sie den Prozeß, durch den die meisten Deutschen zu eliminatorischen Antisemiten wurden, denn das »Negativbild«, das Sie »unbewußt« akzeptierten, besagte, daß Juden die Verkörperung des Bösen seien und beseitigt werden müßten. Es bleibt die Frage, die sich Ihnen, Herr Wendebourg, als Einzelperson stellt: Welche Art von Handlungsanweisung hätte Ihre damalige Ansicht über die Juden bedeutet, wenn Sie, sagen wir einmal 1943 in Polen, »dem Juden« von Angesicht zu Angesicht gegenübergestanden hätten? Vielleicht sind Sie der Meinung, daß Sie alles, was Ihre Landsleute damals den Juden antaten, für ein Verbrechen gehalten und alles getan hätten, um zu vermeiden, daß den Juden Leid zugefügt wurde. Und vielleicht haben Sie damit recht. Die überwiegende Mehrheit der Deutschen aber, die dieselben Auffassungen wie Sie über die Juden vertrat und sich dann irgendwann in einer derartigen Situation wiederfand, verhielt sich ganz anders.

Ich stelle Ihnen diese Frage nicht, weil ich Sie auf die Anklagebank zerren will, sondern um die entscheidende Problematik zu verdeutlichen: Welche Beziehung bestand zwischen dem als selbstverständlich vorausgesetzten eliminatorischen Antisemitismus und der Auffassung der Deutschen davon, wie sie mit Juden umgehen sollten, wenn sie Gelegenheit erhielten, daran mitzuwirken, »die Judenfrage zu lösen«? »Die Lösung der Judenfrage« war schließlich sowohl die logische Folge der eliminatorischen Überzeugungen als auch die unablässige Forderung des in Deutschland herrschenden Regimes. Wie sollte diese schon seit langem »unbewußt« akzeptierte Ansicht über die Juden die Urteile und Handlungen der Menschen nicht fundamental prägen, ja sogar für diese vollkommen bedeutungslos sein?

Diskutiert man das Ausmaß des Antisemitismus in Deutschland und den Umfang der Unterstützung für die eliminatorische Politik, oder gelangt man gar zu der Schlußfolgerung, daß beides weit verbreitet war, dann will man damit nicht jene Deutschen verleumden, die nicht antisemitisch eingestellt waren, die der Verfolgung der Juden nicht zustimmten, die ihnen halfen und die deshalb, oder weil sie Hitler aus anderen Gründen Widerstand leisteten, ihr Leben verloren. Ich bedaure, daß Freya von Moltke aus irgendeinem Grunde mein Buch so aufgefaßt hat. Über die kleine Minderheit der Deutschen, die im Widerstand zu Hitler standen, ist weit mehr geschrieben worden als über die viel größere Zahl der Vollstrecker. Das zeigt einem schon ein Blick in die Regale deutscher Buchhandlungen.

Über die Vollstrecker des Völkermords an den europäischen Juden – die Deutschen, aber auch die Ukrainer, Letten, Litauer, Franzosen und all die anderen – konnte man indes bislang nur wenig lesen. Die Angehörigen des Widerstands gegen Hitler wie Ihr Ehemann, Frau von Moltke, sind gepriesen worden, und dem möchte auch ich mich gern anschließen, wenn auch nicht bei allen ohne Einschränkung; zahlreiche unter ihnen, so mutig und ungewöhnlich sie als Persönlichkeiten auch waren, zählten dennoch weder zu den Demokraten noch zu den Gegnern des Antisemitismus oder der Judenverfolgung. Wie Arthur Heinrich und Dr. Gerd Bauer bestätigen, konnte man durchaus Gegner des Nationalsozialismus und gleichzeitig Antisemit sein. Mein Buch handelt jedoch nicht von dieser kleinen Minderheit, die ihr Leben riskierte, um Hitler zu entmachten, und zu der auch all jene außerordentlichen Menschen gehörten, die, wie Henny Brener schildert, ihr Leben aufs Spiel setzten, um Juden zu retten. Es handelt vielmehr von der Mehrheit der Deutschen – *nicht* von *allen* Deutschen –, die Hitler und seine eliminatorische Politik unterstützte; und in der

228

Hauptsache beschäftigt es sich mit den Deutschen, die zu Tätern wurden und von denen viele weder der SS oder der NSDAP angehörten.

Die Legende, die in dem Satz »Niemand hat's gewußt« zum Ausdruck kommt, muß ebenfalls zu den Akten gelegt werden. Wie Frau Hundemer erzählt, hörte sie in der Nachkriegszeit in ihrer Umgebung nicht nur antisemitische Äußerungen, sondern auch immer wieder das Eingeständnis: »Doch, wir haben es gewußt.« Natürlich wußte im Deutschland der dreißiger Jahre jeder, daß die Regierung darauf aus war, die Juden und die sogenannte Macht der Juden aus der deutschen Gesellschaft auszusondern, und daß diese Regierung bereits radikale Verfolgungsmaßnahmen durchführte – es geschah offen, öffentlich und begleitet von großem propagandistischen Aufwand. Doch diese entmenschlichende und grausame Verfolgung rief in Deutschland nur wenig Widerspruch hervor und veranlaßte nur wenige zum Widerstand, und dies gilt selbst für die meisten der Menschen, die sich später an der Verschwörung des 20. Juli beteiligten.

In den vierziger Jahren hatten Millionen Deutsche – wenn auch gewiß nicht alle – davon gehört, daß ihre Landsleute zu diesem Zeitpunkt Juden umbrachten. Ina Podder-Theising, die bei Kriegsende vierzehn Jahre alt war und deren Vater, wie so viele andere, von der Ausrottung der Juden in Rußland durch einen Nachbarn erfuhr, der sich auf Heimaturlaub befand, schreibt über ihre Heimatstadt: »Meine Eltern und wohl die meisten Lingener vermuteten, daß die Juden nach Osten verschleppt würden und dort auf die eine oder andere Weise zu Tode kämen.« Und sie kennt – abgesehen von ihren Eltern – niemanden, »dem die vor aller Augen stattfindenden Verbrechen an den Juden den Schlaf geraubt hätten«. Auch Ernst Brunzel ist überzeugt, daß »vielen Deutschen nicht verborgen bleiben [konnte], was in Wirklichkeit geschah«. Niemand sollte mehr das Gegenteil behaupten. Es gibt einfach zu viele Beweise, von denen ich in meinem Buch nur einige anführe, die diese Schlußfolgerung stützen.

Eine Meinungsumfrage, die im Auftrag des ZDF anläßlich der Aschaffenburger Gespräche über mein Buch 1996 erstellt wurde, »erschütterte« J. Peter Starke. Überraschenderweise ist diese Erhebung kaum kommentiert worden, obwohl – oder vielleicht auch weil – sie die vorherrschende Legende vom Nichtwissen und der Unschuld der Deutschen hinsichtlich des Holocaust sprengt. Bei dieser aufschlußreichen Umfrage wurden Deutsche befragt, die 1996 mindestens 65 Jahre, bei Kriegsende also wenigstens vierzehn Jahre alt waren, ob sie zum Zeitpunkt der Ereignisse vom Holocaust gewußt hätten. 27 Prozent antworteten mit Ja, und 8,3 Prozent gaben zu, die Vernichtung »selbst mitbekommen« zu haben.

27 Prozent sind keine unbedeutende Zahl, und aus zwei Gründen können wir annehmen, daß der wirkliche Prozentsatz derer, die Bescheid wußten, noch größer war. So heißt es in einer dpa-Meldung: »Die tatsächliche Zahl der Mitwisser des Holocaust werde ›eher noch höher‹ liegen, weil ein ›Verdrängungsprozeß‹ stattgefunden habe und vermutlich nicht alle Antworten ›hundertprozentig ehrlich‹ gewesen seien, sagte Matthias Jung, Leiter der Forschungsgruppe Wahlen, der dpa.« Außerdem dürften mit an Sicherheit grenzender Wahrscheinlichkeit die damals vierzehn- und fünfzehnjährigen jungen Menschen seltener etwas über den Massenmord erfahren haben als die Erwachsenen, da sie mit der Mordmaschinerie oder mit den Menschen, die hier tätig waren, weniger in Kontakt kamen und man Jugendlichen solche Informationen vermutlich vorenthielt. Doch selbst wenn man von »nur« 27 Prozent der erwachsenen Bevölkerung ausgeht, ist es gewiß, daß nicht »niemand«, son-

dern »viele«, nämlich Millionen Menschen, von dem Massenmord »gewußt haben«.

Der tiefe Widerspruch zwischen der Art, wie Menschen den Mangel an Widerstand gegen die eliminatorische Verfolgung der Juden sowohl in ihrer nicht-tödlichen als auch in ihrer tödlichen Phase rechtfertigen, und der Weise, wie sie die Handlungen der Täter »wegerklären«, ist bemerkenswert. Was das deutsche Volk angeht, so heißt es immer wieder, kaum jemand habe etwas gewußt, womit unterstellt werden soll: Hätten viele Menschen von der Massenvernichtung Kenntnis gehabt, so wären sie entsetzt gewesen und hätten all dies als ungeheures Verbrechen betrachtet. Es wird auch vorgebracht, daß jene, die Bescheid wußten – und dieses Argument bezieht sich auf die dreißiger Jahre –, der eliminatorischen Politik nicht hätten entgegenwirken können, weil sie unter einem totalitären Schreckensregime gelebt hätten. Daraus wird der Schluß gezogen: Wäre das Regime nicht so fürchterlich gewesen, hätte die große Mehrheit der Deutschen der Verfolgung der Juden Widerstand entgegengesetzt. Es gibt jedoch kaum Belege, die dies bestätigen, vor allem in bezug auf die dreißiger Jahre, aber sehr viele, die nahelegen, daß dem nicht so war. Als Glaubensartikel jedoch, als Teil der volkstümlichen Überlieferung der deutschen Nachkriegsgesellschaft benötigten Behauptungen dieser Art keine Begründung.

Diese Annahmen über die Deutschen sind um so erstaunlicher angesichts der Tatsache, die Piero Zamperoni uns ins Gedächtnis ruft: »In Italien hat fast jeder (einschließlich der Kirche und einzelner Priester) den Juden geholfen, und so haben wir alle [er und seine Familie] überlebt.« Die Italiener hatten weit weniger Zugang zu Informationen über das Schicksal der Juden als die Deutschen. Dennoch wußten sie offensichtlich genug, um zu erkennen, welch schreckliches Los die Juden nach der Deportation erwartete; genug, um zu der Überzeugung zu gelangen, daß das, was hier an Menschen, die sie für ihre Landsleute hielten, verübt wurde, ein Verbrechen war; genug, um als einzelne wie als Kollektiv ihr Leben zu riskieren, um Juden zu retten – und das außerordentlich erfolgreich.

Doch sobald sich die Debatte den Tätern zuwendet (von denen viele Gelegenheit hatten, sich von den Morden freistellen zu lassen), werden die bisherigen Annahmen über das deutsche Volk fallengelassen, da sie sich nun augenscheinlich als unzulänglich erweisen. Statt dessen werden nun andere Behauptungen in den Vordergrund geschoben, die indes den jetzt zeitweise über Bord geworfenen letztlich widersprechen. Die Täter haben Befehle nun angeblich nur befolgt, weil sie entweder nicht in der Lage waren, das Verbrechen moralisch zu bewerten, oder weil sie der Ansicht waren, daß Befehle sakrosankt gewesen seien («Befehl ist Befehl»). Jene, die das deutsche Volk entlasten wollen, möchten die Dinge gern so darstellen, als hätten die ganz gewöhnlichen Deutschen das staatlich befohlene Ausrottungsprogramm moralisch verurteilt, wäre es ihnen nur bekannt gewesen. Warum sollen dann aber plötzlich die Täter nicht fähig gewesen sein, die gleichen Schlußfolgerungen zu ziehen? Wenn die Rechtfertigungstheoretiker daran festhalten, daß gewöhnliche Deutsche dem Morden Widerstand entgegengesetzt hätten, hätten sie nicht unter den Bedingungen des Terrors gelebt, warum waren dann die Täter nicht in der Lage, ihre Teilnahme an den Morden zu verweigern, wenn sie wußten, daß ihnen die Möglichkeit offenstand, sich davon freistellen zu lassen? Das deutsche Volk und die Täter mit denselben Argumenten zu entlasten ist offensichtlich nicht möglich. Analyse und Verstehen werden durch aus der Luft gegriffene Spekulationen ersetzt, die bewußt oder unbewußt der Rechtfertigung dienen.

232

Auch die so häufig gestellte Frage, wie man denn selbst gehandelt hätte, wäre man in der gleichen Situation wie die Täter gewesen, ist in diesem Zusammenhang aufschlußreich, zumal wenn der Angesprochene kein Antisemit ist. Die Frage an sich ist schon falsch, denn sie hängt von einer ganzen Kette ungerechtfertigter und nicht zu rechtfertigender Annahmen ab. Sie setzt voraus, daß die Auffassungen eines Menschen über Juden und über Völkermord nicht von Bedeutung sind, und postuliert, daß es nur auf die Situation ankomme. Sie impliziert, daß es ein ungeheures Maß an Terror, Zwang und Druck auf die Täter gab, denn sie fragt nach dem Mut, sein Leben oder schwere Strafen zu riskieren. Hiermit ist der Rahmen vorgegeben: Wenn man nicht mit Sicherheit sagen kann, daß man den erforderlichen Mut aufgebracht hätte, hat man angeblich geklärt, warum die Täter so handelten, wie sie es taten – weil sie ebenfalls verängstigt waren.

Die Frage schließt also bereits aus, daß die Täter ihre Taten aus Überzeugung vollbracht haben könnten; dies zuzugeben würde die Frage als töricht im Hinblick auf die Untersuchung der Täter entlarven. Gerade dazu aber wird sie immer wieder eingesetzt. Durch diese Art des Fragens wird die nicht zu leugnende historische Tatsache verdrängt, daß so viele der Täter nicht nur Befehlen folgten, sondern immer wieder die Initiative ergriffen, mit echtem Fanatismus handelten und persönlich, ohne daß man ihnen dies befohlen hätte, Juden herabsetzten, verspotteten, quälten, folterten und ermordeten. Jeder weiß, daß Zwang und Angst Menschen dazu bewegen können, Dinge zu tun, die sie eigentlich ablehnen. Der Zweck dieser Frage besteht ganz offensichtlich nicht darin, Menschen zu veranlassen, sich klarzumachen, was sie ohnehin schon wissen. Es geht vielmehr darum, in spitzfindiger Weise einen, aus meiner Sicht falschen Rahmen für das Verständnis der Täter zu errichten, der es den Tätern zugesteht, keine andere Wahl gehabt zu haben, als genau das zu tun, was man sie zu tun zwang. Durch einen Taschenspielertrick unterstellt man ihnen so, keine andere Möglichkeit gehabt zu haben, als die Mordbefehle auszuführen. Dann aber besteht natürlich auch keine Notwendigkeit zu untersuchen, was die Täter hinsichtlich ihrer Taten und der Entscheidungen, die sie fällten, glaubten. Und dann kann man auch einen grundlegenden, wenn auch bezeichnenderweise ignorierten Wesenszug des Holocaust außer acht lassen, nämlich die Grausamkeit, mit der die Täter handelten.

Eine andere Fragestellung ist geeigneter, das gedanklich nachzuvollziehen, was die Täter bewogen haben mag: Wenn Sie zu der Überzeugung gelangen, daß alle Hunde in Ihrer Stadt einen unausrottbaren, tödlichen Virus in sich tragen, und wenn man Ihnen außerdem erzählt, daß dieser Virus leicht auf Menschen zu übertragen ist, würden Sie dann einer Tötung aller Hunde zustimmen? Ich habe vielen Menschen diese Frage gestellt, und die meisten haben sie mit Ja beantwortet. Einige würden die unangenehme Aufgabe anderen überlassen wollen, andere selber schweren Herzens Hand anlegen, wenn sie es denn müßten, und einige würden womöglich mit wirklichem Sendungsbewußtsein, ja sogar mit Genuß die Hunde töten. Wenn Sie aus irgendeinem Grunde zu der Auffassung kommen, daß eine Gruppe von Menschen wegen ihrer unveränderlichen Wesensart eine ähnlich tödliche Gefahr darstellt; wenn Sie darüber hinaus davon überzeugt sind, daß diese Leute im Unterschied zu den unschuldigen Hunden die militärische Niederlage Ihres Landes im letzten Krieg und die Schrecken des laufenden Krieges zu verantworten haben, daß Sie Ihnen willentlich Böses antun und Sie zerstören wollen, was würden Sie dann tun? Und wenn Sie im Deutschland der vierziger Jahre gelebt hätten und man Ihnen befohlen hätte, Menschen, von denen Sie derlei wirklich annehmen und die als Juden bezeichnet werden, umzubringen, wie hätten Sie dann gehandelt? Aber vielleicht sollte man diese Fragen nicht Ihnen stellen, denn Sie können sich möglicherweise nur schwer vorstellen, unter irgendwelchen Umständen derartige Meinungen zu vertreten – obwohl, wie Sie wissen, im Laufe der Geschichte sehr viele Menschen solche oder ähnliche Ansichten über Juden und andere gehegt haben, was sie dazu veranlaßt hat, schwere Gewalttaten und Brutalitäten zu begehen, sei es in Form von Völkermord oder Sklavenhalterei. Also stellen Sie sich die Frage in bezug auf entschiedene Antisemiten oder Rassisten, die Schwarze oder andere Gruppen aus ganzem Herzen hassen.

Viele Menschen, die derlei Dinge glauben, wären ganz gewiß bereit, Juden zu ermorden, und sie würden dabei die Wut verspüren, die ihnen Anlaß zu brutaler Rache lieferte; man müßte sie nicht dazu zwingen. Daher ergibt es keinen Sinn, über die Auswirkungen des angeblichen Terrors zu diskutieren, solange man die Überzeugungen der Menschen nicht erörtert hat. Stellt man also heute jemandem die Ausgangsfrage – wie er denn in derselben Situation, in der die Täter sich befanden, gehandelt hätte –, dann ignoriert man, daß sich die befragte Person nicht in der gleichen Lage befindet (es sei denn, wir wissen, wie die Ansichten dieser Person im Vergleich zu jenen, die die Täter bewogen, aussehen), weil die Auffassungen dieser Person über Juden und die Richtigkeit ihrer Ermordung ein unvermeidlicher Bestandteil der Situation sind. Selbst wenn die Weigerung zu töten bestraft worden wäre, wären die Täter zu willigen Vollstreckern geworden, sofern sie die Morde für gerecht und wünschenswert gehalten hätten. Die Strafandrohung wäre bedeutungslos gewesen, denn hierin läge nicht der Antrieb ihres Handelns.

Außerdem bleibt die Tatsache, daß viele Täter nicht terrorisiert wurden – die Beweise dafür, die Herbert Jäger bereits 1967 in seinem bahnbrechenden und zu Unrecht vernachlässigten Buch »Verbrechen unter totalitärer Herrschaft« vorlegte, hat die wissenschaftliche Literatur über den Holocaust mit wenigen Ausnahmen allerdings dreißig Jahre lang durchgängig ignoriert. Auch die Auffassung, das nationalsozialistische Deutschland habe für die meisten Deutschen eine totalitäre Terrorgesellschaft bedeutet, stellt sich mehr und mehr als Legende heraus. Je mehr wir über offen vorgetragenen Dissens und die vielfältige Opposition zur Politik des Regimes erfahren, desto deutlicher wird, daß die totalitäre Natur dieser Gesellschaft und das Ausmaß des innenpolitischen Terrors gegen alle Deutschen stark übertrieben worden sind. Schließlich war Hitler im Deutschland der Jahre 1937, 1939, 1941 ungeheuer populär. Wie aber paßt das zum Terrorregime?

Will man erklären, warum ein vollkommen terrorisiertes Volk den Mann Hitler und das Regime, von denen es unterdrückt wurde, unterstützte, ja sogar bewunderte, bleibt einem nur ein Ausweg: Die Deutschen ließen sich gern terrorisieren – eine unsinnige, wenn auch unvermeidliche Voraussetzung der Legende vom Terror. Eine weit sinnvollere Erklärung lautet, daß die meisten Deutschen gar nicht terrorisiert wurden und wußten, daß die politische Grundrichtung des Regimes, bei allen Meinungsverschiedenheiten, vom deutschen Volk prinzipiell befürwortet wurde. Das nationalsozialistische Regime war zu einem Regime des Volkes geworden, und es blieb dies bis in die letzten Phasen des Krieges hinein, auch wenn es nicht als solches begonnen hatte.

All dies legt nahe, daß die Behauptungen, die Deutschen hätten überhaupt keine Ansichten über die Juden und deren Verfolgung vertreten, sie hätten von der Verfolgung noch nicht einmal etwas gewußt, sie seien bar jeder Möglichkeit

236

gewesen, ihren Auffassungen Ausdruck zu verleihen, und unfähig, die Ereignisse zu beeinflussen, fallengelassen werden müssen. Ihre Briefe weisen trotz aller grundlegenden Meinungsverschiedenheiten ebenso wie viele andere Belege darauf hin, daß es an der Zeit ist, sich anderen Fragen zuzuwenden: Wie sahen diese Ansichten im einzelnen aus? Von wie vielen wurden sie wann vertreten? Wie viele Menschen unternahmen welche Handlungen, um die Verfolgung zu fördern oder zu behindern, und warum taten sie nicht mehr, um sie zu bekämpfen? All diese Fragen beziehen sich auch auf die anderen Europäer, über die wir noch weniger wissen als über die Deutschen jener Zeit.

Es ist interessant, daß die deutschen Briefschreiber unmittelbar zu den Tätern oder gar zu meiner Darstellung derselben wenig sagen, und das, obwohl sich »Hitlers willige Vollstrecker« hauptsächlich darum dreht. Dies kann nicht überraschen, da die Kritiker, die über mein Buch geschrieben haben, seinen Schwerpunkt ebenfalls im großen und ganzen ignoriert haben. Die meisten von Ihnen wissen wahrscheinlich wenig über die Täter, weil diese nach dem Krieg geschwiegen haben, sofern sie nicht von polizeilichen oder gerichtlichen Stellen vernommen wurden, und auf diese Vernehmungen stützt sich ja auch mein Buch zum großen Teil. So beschreibt Frau Lüthy, wie die Männer des Polizeibataillons 101 reagiert haben, als sie nach ihrem Vater fragte: »Sie hätten einen dicken Strich unter diese Zeit gezogen, über ihre Lippen käme nichts mehr.« Und Sie würden in zeitgeschichtlichen Werken zum Thema Holocaust ebenfalls kaum etwas über die Täter finden. Was Sie, Frau Lüthy, über die Billigung des Geschehens durch die Kameraden Ihres Vaters sagen, ist beeindruckend, und dies gilt insbesondere für das Postskriptum, in dem Sie darauf hinweisen, daß die Frauen der Männer auf den Schlachtfeldern dabei waren: »Mir ist auch bekannt, daß Frauen dort mit ihren

Männern lebten, dort spazierengingen, die sich das Blut, die zerschossenen Gehirnmassen, die Knochen der Toten, alles das ansehen mochten.« Sie, Frau Lüthy, fragen dann: »Was sind das für Menschen gewesen?« Ganz gewöhnliche Menschen, die sich durch außergewöhnliche Überzeugungen dazu hinreißen ließen zu glauben, daß sie das Böse vernichteten.

Doch gibt es noch andere ausführliche, leicht zugängliche und zudem veröffentlichte Quellen, die Einsicht in die Täter vermitteln: die Aussagen der Überlebenden. Die Erinnerungsliteratur der Überlebenden ist reich an Darstellungen und Einschätzungen der Täter, ihrer Handlungen und ihrer Motive. Aber auch diese Werke hat die Forschung über die Durchführung des Holocaust weitgehend vernachlässigt.

Wie die gewaltige Fülle der Zeugnisse der Überlebenden zeigt, sind die herkömmlichen wissenschaftlichen Auffassungen, die leugnen, daß die Täter mit ihren eigenen Handlungen einverstanden und durch Judenhaß motiviert waren (und leugnen, daß Deutschland durch und durch antisemitisch war), falsch. Ich habe sehr viele Briefe von Überlebenden erhalten, die meiner Darstellung des Holocaust zustimmen. Einige davon finden sich in diesem Band, etwa der von Bernhard Kempler, der viele Lager überlebte, darunter das Krakauer Ghetto, Płaszów (das »Arbeits«lager, das der aus »Schindlers Liste« bekannte Amon Göth leitete) und Auschwitz; oder der von Hermann F. Wolf, einem Überlebenden aus Dachau; von Hannelore Noack, die von ihrem Lebensgefährten, einem Überlebenden aus Auschwitz, berichtet; von Robert Wilkinson, der im Namen seiner Frau schreibt, die das Ghetto von Lódz sowie Bergen-Belsen und einen der Todesmärsche, die ich in meinem Buch erörtere, überlebte; und von Dr. Samuel Cohen *, der im Nachkriegsdeutschland inmitten von Überlebenden aufwuchs, die ohne

238

jeden Zweifel vielfältige Erfahrungen mit verschiedenen deutschen Lagern und ihrem Personal gemacht hatten. Es ist bemerkenswert, daß Mondrian Graf v. Lüttichau, ein 1953 geborener Deutscher, im Namen seiner Generation einem Gefühl Ausdruck gibt, das mir auch von vielen Überlebenden vermittelt worden ist: daß endlich ein Buch über die Durchführung des Holocaust erschienen ist, das mit ihrer Erfahrung übereinstimmt.

Die jüdischen Opfer haben keinen Grund, etwas anderes als die Wahrheit zu berichten. Sie haben maßlos gelitten und nur den Wunsch, daß die Welt erfahren möge, was geschehen ist. Doch einige Wissenschaftler und andere Autoren haben die Glaubwürdigkeit und den Wert ihrer Aussagen ausdrücklich in Zweifel gezogen; viele andere haben sie stillschweigend, aber durchgängig ignoriert, vielleicht weil die Zeugnisse der Opfer sich mit ihren eigenen Ergebnissen nicht in Einklang bringen ließen. Jeder, der die Briefe der Opfer in diesem Band oder ihre anderen Zeugnisse liest, sollte ihre Aussagen als ernst zu nehmende Beweise anerkennen, solange er oder sie nicht gute Gründe anführen kann – und die müßten sich auch auf Opfer anderer Völkermorde wie die Armenier, die Kambodschaner, die Tutsi in Ruanda oder auf Menschen, die ebenfalls massenhaft Brutalität erlebt haben, wie die Sklaven in den USA, anwenden lassen –, warum die Einschätzungen der Juden falsch sein sollten, wenn es darum geht, ob ihre Peiniger sie haßten oder mit ihnen Mitleid empfanden, ob sie mit Eifer oder nur zögerlich handelten, ob sie ihre eigenen Taten billigten oder nicht. Die jüdischen Opfer des Holocaust vertreten die Ansicht, daß die große Mehrheit der Deutschen und Nicht-Deutschen, die sie gequält und die ihr Volk getötet haben, antisemitisch, fanatisch und mit ihrem eigenen Tun einverstanden waren.

Nicht nur Ihre Briefe deuten darauf hin, daß der ursprüngliche Angriff auf mein Buch von seiten einiger deutscher Historiker und Journalisten sein Ziel verfehlt hat. Es sei, so wurde von einem Kritiker behauptet, »einfach ein schlechtes Buch« und ich selbst eine etwas skandalöse Figur; für einige war ich sogar ein skandalöser Jude. Die wesentliche Botschaft dieser Kritiker aber war die, daß das Buch des Lesens nicht wert sei.

Nichtsdestoweniger hatte das Buch gerade in Deutschland seinen größten Erfolg, was ein bemerkenswertes Licht auf das gegenwärtige Deutschland wirft, auf die Bereitschaft seiner Bevölkerung, sich mit dieser schmerzhaften Vergangenheit auseinanderzusetzen. Die Reaktionen legen, nebenbei bemerkt, auch nahe, daß jene von Ihnen unrecht haben mögen oder zumindest übertreiben, die die heutigen Deutschen und das heutige Deutschland scharf kritisieren, selbst wenn es dort noch Antisemitismus und Rassismus gibt. Viele durchschauten die Verleumdungen meines Buches und meiner Person und ließen sich von den Meinungsführern und einigen etablierten Historikern nicht davon abbringen, sich selbst eine Meinung zu bilden. Die Leute erkannten, daß manche, um es mit den Worten von Annegret Stopczyk zu sagen, eine »ungeheuer verfälschende Wiedergabe« verbreitet hatten, indem sie Scheindiskussionen aufwarfen, die die Diskussion über die eigentlichen Themen, über die man durchaus unterschiedlicher Meinung sein kann, bis heute zum großen Teil verhindert haben. Ich hoffe, daß dieser Vermeidungsdiskurs bald ein Ende finden wird.

Ihre Briefe sind jedoch auch in anderer Hinsicht bedeutsam. Die Geringschätzung, die einige Kritiker hinsichtlich der Fähigkeit des breiten Publikums zum Ausdruck brachten, die historischen Fragestellungen zu verstehen, sagt mehr über diese Kritiker aus als über das Publikum. Die Tatsache, daß so viele Menschen in Deutschland positiv auf

mein Buch reagierten, wird von einigen darauf zurückge-
führt, daß die Öffentlichkeit zu naiv ist oder sich zu sehr
durch mein vermeintlich charmantes Auftreten um den Finger wickeln läßt.

Angeblich ist es so kompliziert zu verstehen, warum
Menschen, die in staatlichen Institutionen arbeiten, andere
Menschen töten und quälen, daß einfache Bürger, die nicht
höchste, akademisch verbriefte Gelehrsamkeit vorweisen
können, sich darüber kaum ein eigenes Urteil bilden können. Wenn Sie allerdings die Kritik, die auserlesene Historiker und Journalisten vorgebracht haben, lesen, werden Sie
feststellen, daß sie sich im Kern nicht von der unterscheidet,
die einige von Ihnen an dem Buch üben. Natürlich verfügen
Fachhistoriker und Sozialwissenschaftler über Spezialkennt-
nisse und Methoden, die es ihnen erlauben, wissenschaftliche Werke zu schreiben, die Menschen ohne eine derartige
Ausbildung nicht hervorbringen können. Dennoch sind die
Leser durchaus in der Lage, widerstreitende Argumente ab-
zuwägen und zu beurteilen, welche sie am ehesten überzeugen – und wir sollten glücklich sein, wenn sie dies tun, selbst
wenn vielleicht viele die Ansichten nicht teilen, die irgend jemand von uns vortragen mag oder die ihm sogar teuer sind.
Wir sollten uns keine Bürger wünschen, die lediglich passiv
»Wahrheiten« entgegennehmen, die von der Spitze der Gelehrsamkeit nach unten gereicht werden. Wir sollten für
diese Menschen und nicht nur für die »Zunft« schreiben
und sie ermutigen, sich als aktive Bürger zu bewähren, indem sie unsere Bücher kritisch lesen, sich selbst ihre Meinung darüber bilden und die angeschnittenen Fragestellungen debattieren. Die gegenwärtige öffentliche Diskussion
über den Holocaust ist, ganz gleich, ob es gewissen Leuten
nun gefällt oder nicht, inzwischen nicht mehr aufzuhalten.
Ich werde auf dieses Thema noch zurückkommen.

Gelegentlich wird auch behauptet, die deutsche Öffentlichkeit kenne die »komplexen« Ansichten nicht, die andere Forscher über den Holocaust entwickelt haben (zum Beispiel, daß die Täter und das deutsche Volk einem Terrorregime ausgesetzt waren oder daß die Täter einfach Befehlen folgten), und habe sich daher durch mich blenden lassen. Doch genau das Gegenteil ist der Fall. In Deutschland sind sehr viele Menschen mit der Literatur über den Holocaust im höchsten Maße vertraut, zumal die Sichtweisen, auf die die Kritiker anspielen, seit fünfzig Jahren zum öffentlichen Standardrepertoire über den Holocaust gehören – und zwar nicht nur in Deutschland. Mein Buch fordert also Interpretationen heraus, die jahrzehntelang gleichsam als Glaubenssätze akzeptiert worden sind. Wer nach der Lektüre meines Buches diese herkömmlichen Ansichten zurückwies, tat dies nicht aus Ignoranz, sondern in Kenntnis der Argumente, die er oder sie nun für unzureichend hält. Viele von Ihnen halten jedoch an diesen Sichtweisen fest. Wir werden einfach die strittigen Themen weiterdiskutieren, werden uns auch in Zukunft über die Deutungsrahmen und die Aussagekraft des Beweismaterials auseinandersetzen müssen.

Wie viele andere Fragen, so läßt sich auch die Auseinandersetzung mit der Problematik von Schuld und Verantwortung aus Ihren Briefen herauslesen – mitunter finden sich ausdrückliche Stellungnahmen, in denen Sie manchen Gruppen Schuld oder Verantwortung zusprechen, andere davon ausnehmen, an anderen Stellen schimmert das Thema zwischen den Zeilen durch, zuweilen in Ausflüchten, Verteidigungsstrategien oder in der Berufung auf Mythen, die nahezu reflexhaft auftauchen.

Um es noch einmal deutlich zu machen: Den Begriff der Kollektivschuld lehne ich ausdrücklich und entschieden ab. Die Täter waren menschliche Wesen (keine Roboter), die Entscheidungen fällten und daher für ihre Taten, welcher Art auch immer diese waren, persönlich verantwortlich waren und sind. Weder hasse ich Deutsche, wie Helen Bensing vermutet, noch bin ich im Gegensatz zu dem, was Erna Lossow anzunehmen scheint, darauf aus, antideutsche Gefühle zu schüren. Ich habe mich lediglich als Wissenschaftler darum bemüht, genau zu beschreiben und zu erklären, wie und warum es zum Holocaust kam. Das ändert nichts daran, daß ich in vielfacher Hinsicht ein Bewunderer der Bundesrepublik und dessen, was sie und ihre Bevölkerung erreicht haben, bin. Ich habe niemals etwas geschrieben oder gesagt, das jemand veranlassen könnte, etwas anderes zu vermuten.

Wer mir dennoch diese und andere Positionen unterstellt, dem geht es nicht um Wissenschaft oder um ehrliches Verstehen, sondern um bestimmte persönliche und politische Ziele. Zumindest teilweise scheint es sich dabei um ein bewußtes Ablenkungsmanöver zu handeln. Dies wird vor allem dann augenfällig, wenn die Behauptungen weder am Text noch durch sonstige Beweise belegt werden können.

Doch vielleicht sind für diese ganzen Fehlinterpretationen und insbesondere für die Fixierung auf den mir untergeschobenen Begriff der Kollektivschuld auch andere, sogar psychologische Ursachen verantwortlich. Ich bin mir nicht sicher, ob Gerd Schmidt* mit seiner Auffassung recht hat, daß sich die Projektion des Kollektivschuldvorwurfs auf meine Person in eine fast zweitausendjährige Geschichte antisemitischer »Kollektivschuldphantasien« einreiht, womit er vermutlich auf den uralten christlichen Mythos anspielt, alle Juden seien für alle Ewigkeit am Tode Jesu schuld. Wie auch immer, die Konzentration vieler Kritiker auf den gar nicht erhobenen Vorwurf der Kollektivschuld dient offensichtlich dazu, den wirklichen Themen aus dem Wege zu gehen: Ausmaß und Art des Komplizentums, die Motive der Handelnden, die Frage, wie man die Verantwortung des einzelnen ermessen kann.

Auch die ständige Kritik an meiner Verwendung des Begriffs »Deutsche« zählt zu den Vermeidungsstrategien. Erstaunlicherweise gibt es Leute, die behaupten, daß wir in diesem einen historischen Fall vom sonst üblichen Sprachgebrauch abgehen sollten. Wir sollten auf keinen Fall die deutschen Täter als das, was sie waren, bezeichnen, nämlich als »Deutsche«, selbst wenn die gleichen Leute ohne weiteres der Ansicht sind, daß es normal, richtig und wünschenswert ist, von »den Amerikanern in Vietnam« und »den Franzosen in Algerien« zu sprechen. Ich habe diese Beispiele mindestens hundertmal benutzt, und niemand – einschließlich all jener, die mich in der Debatte wegen des Begriffs »Deutsche« kritisiert haben – hat mir, selbst auf meine direkte Frage hin, jemals zu erklären versucht, warum an Sätzen wie »Die Amerikaner haben die Indianer umgebracht« oder »Die Franzosen haben sich in Algerien Greueltaten zuschulden kommen lassen« nichts auszusetzen ist, während man nicht sagen dürfen soll: »Die Deutschen haben in Polen oder der Sowjetunion Juden ermordet«. Wenn man im jeweiligen Zusammenhang von »Amerikanern« oder »Deutschen« spricht, dann meint man damit nicht *alle* Amerikaner oder *alle* Deutschen. Daß so viele Leute so allergisch auf eine übliche Formulierung reagieren und diesem Terminus eine Bedeutung unterstellen, die er nicht hat, zeigt, wie schwierig es ist, über diese Fragen nüchtern zu diskutieren.

Die wiederholte Berufung auf den Widerstand gegen Hitler, als spiegele dessen Existenz die Haltungen des deutschen Volkes wider und stelle dessen Ehre wieder her, zielt in eine ganz ähnliche Richtung. Wir sollten in diesem Zusammenhang nicht vergessen, daß die Teilnehmer an der Verschwörung des 20. Juli sich nur zu bewußt waren, wie wenig sie sich auf Unterstützung der Bevölkerung verlassen konnten. Die Betonung der Tatsache, daß nicht nur die

Deutschen, sondern auch andere Völker antisemitisch eingestellt waren, der beinahe rituelle Fingerzeig auf die Verbrechen anderer Nationen, der reflexartige Verweis auf die
Alliierten, weil sie den Ausrottungsfeldzug der Deutschen
nicht eher und entschiedener vereitelt haben, sind lediglich
schlecht verhüllte Versuche, die Verantwortung der Deutschen zu mindern oder von ihr abzulenken. Daß auch in Polen der Antisemitismus weit verbreitet war, ändert nichts an
der Tatsache, daß dies in Deutschland ebenfalls der Fall war
und daß der Antisemitismus Deutsche dazu bewog, Juden
zu verfolgen. Daß Amerikaner im siebzehnten, achtzehnten
und neunzehnten Jahrhundert die Ureinwohner ihres Kontinents enteignet, brutal behandelt und dahingemetzelt haben
(und für viele, die heute noch leben, Bedingungen geschaffen haben, die durch Elend und Mangel gekennzeichnet
sind), ändert nichts an dem, was Deutsche im zwanzigsten
Jahrhundert getan haben. Und all das ist völlig belanglos,
wenn es darum geht, sich mit der deutschen Vergangenheit
auseinanderzusetzen. Dem Bemühen, die Ursachen und
Konsequenzen des Holocaust zu verstehen, kann man sich
dadurch nicht entziehen, ebensowenig wie durch die
Schuldzuweisung für alles Geschehene an die Person Hitler
und seine »Herrschaftsclique«.

Da keine dieser bewußten oder unbewußten Vermeidungsstrategien die Untersuchung der wichtigen historischen Fragen hinsichtlich der Durchführung des Holocaust
erleichtert oder das Verständnis dafür vertieft, lohnt es sich
zu fragen, warum sie fünfzig Jahre nach dem Ende des
Holocaust noch immer so verbreitet sind und gleichsam rituell wiederholt werden. Die Ursachen dafür sind vielfältig,
denke ich, ganz abgesehen davon, daß diese Vorstellungen
vielen Menschen über Jahre eingetrichtert worden sind.

Zum einen sind viele Menschen nicht willens oder nicht
fähig, sich mit außerordentlich unangenehmen Dingen aus

einanderzusetzen. Zum anderen gibt es in Deutschland ein starkes Gefühl für Schuld und Verantwortung, was den Holocaust angeht. Möglicherweise spiegelt sich darin auch das Wissen wider, daß viele Deutsche an der mörderischen Verfolgung der Juden mitgewirkt haben – trotz nachdrücklichen öffentlichen Widerspruchs gegen die Behauptung, daß der Nationalsozialismus ein Regime des Volkes gewesen sei und ein wütender Haß auf Juden weite Teile der Bevölkerung erfaßt habe. Dieses Schuldgefühl verwandelt selbst analytische Diskussionen über die Vergangenheit oft augenblicklich in moralische Diskurse, die mit hohem persönlichen Einsatz ausgefochten werden.

Drittens sind viele anscheinend unfähig zu erkennen, daß Schlußfolgerungen über die Komplizenschaft der Deutschen bei der Verübung des Holocaust nicht gleichbedeutend sind mit Schlußfolgerungen über die Deutschen von heute. Vielleicht liegt dies an der ständigen Wiederholung der von mir nicht geteilten Ansicht, es gebe einen gleichsam überzeitlichen ungesunden deutschen Nationalcharakter, eine Auffassung übrigens, die auch in Deutschland selbst geläufig ist. Es mag auch auf ein Versagen der Geschichtsschreibung über den Holocaust zurückzuführen sein, der es nicht gelungen ist, deutlich zu machen, wie stark Auffassungen und Werte die Menschen zum Handeln motivieren und welch entscheidende Rolle die politische Kultur dabei spielt. Ansichten, Werte und politische Kulturen jedoch sind veränderlich und haben sich in der Bundesrepublik offensichtlich gewandelt. Diejenigen Überzeugungen, die die Deutschen einst dazu veranlaßt haben, gegen Juden vorzugehen, sind in der heutigen Bundesrepublik weit weniger verbreitet und erst recht nicht vorherrschend. Eine angemessene Erklärung des Holocaust trägt auch dazu bei zu erklären, warum die Bundesrepublik und die Deutschen von heute sich grundlegend von ihren Vorfahren vor über fünfzig Jahren unterscheiden. Dies gilt es zu begreifen, und viele haben diesen Schritt schon vollzogen.

Dennoch sind es vor allem die beunruhigenden Fragen nach Schuld und Verantwortung, der nachträgliche Drang mancher zu verdammen und das Bemühen anderer, wirklichen und eingebildeten Verurteilungen entgegenzutreten, die eine sachliche und analytische Beschäftigung mit der Vergangenheit am ehesten behindern. Diskutiert man über den Holocaust, geraten zwei Ebenen leicht durcheinander: die Aufgabe zu erklären, warum bestimmte Dinge geschehen sind, und die Aufgabe, über die Handelnden zu urteilen. Diese Vermischung von historischer Analyse und moralischer Bewertung durchdringt nicht nur die Diskussion über mein Buch, sie betrifft auch im allgemeinen die Auseinandersetzung über den Holocaust. Sehr viele haben auf »Hitlers willige Vollstrecker« so reagiert, als handele es sich um eine moralisierende Betrachtung, und das Buch wegen seiner vermeintlichen moralischen Urteile abgelehnt. Tatsächlich aber geht es ausschließlich um eine historische Analyse unter Anwendung sozialwissenschaftlicher Methoden.

Wie sollte eine Gesellschaft kollektiv mit ihrer Vergangenheit umgehen, und welche Haltung sollte der einzelne Bürger ihr gegenüber einnehmen? Sollte er sich seiner Geschichte als Geschichtsstudent, als Richter, Angeklagter, Bußfertiger oder, wie einige es gern hätten, Leugnender nähern? Diese Frage ist gewiß die schwierigste und in Deutschland seit Ende des Krieges stets gegenwärtig.

Es ist merkwürdig, daß so viele Menschen behaupten, die Deutschen hätten sich in den dreißiger und vierziger Jahren (willentlich) dem Geschehen gegenüber blind gestellt oder sie hätten dem Schicksal der Juden »teilnahmslos« gegenübergestanden. Ich finde keines dieser beiden Argumente überzeugend (siehe »Hitlers willige Vollstrecker«,

S. 513 ff.), wie auch Herrn Zamperonis Darstellung des Engagements der Italiener und deren Mangel an »Teilnahmslosigkeit« illustriert. Nichtsdestoweniger kritisieren jene, die diesen Standpunkt ausdrücklich oder indirekt vertreten, solche Verhaltensweisen, auch wenn sie sie vielleicht mitunter mit Nachsicht betrachten. Erstaunlich allerdings ist, daß selbst viele von denen, die diese Haltung bemängeln, eine ganz ähnliche Position einnehmen, wenn es um ein damit zusammenhängendes Thema geht – die Beschäftigung mit der nationalsozialistischen Vergangenheit. Es müsse ein Schlußstrich gezogen werden, heißt es dann, man befasse sich zuviel mit dem Holocaust, was während der Nazi-Zeit geschah, sei nicht das Problem der Menschen von heute, es sei an der Zeit, sich anderen Themen zuzuwenden.

Gehört es nicht zur staatsbürgerlichen Verantwortung, sich häßlichen Wahrheiten zu stellen, etwas über die Verbrechen zu erfahren, welche die eigenen Landsleute – ob durch Handeln oder Unterlassung – einst begangen haben? Ist es nicht richtig, wenn der Bürger von heute der Geschichte statt als Geschichtsstudent, Richter, Angeklagter, Bußfertiger, Leugnender oder gar als Befürworter eines Schlußstrichs als Angehöriger eines Gemeinwesens gegenübertritt, der sich seiner Eigenschaft als moralisch Handelnder bewußt ist und die Vergangenheit zu verstehen sucht, weil die Gegenwart und die Zukunft unvermeidlicherweise auf ihr aufbauen, und sei es nur auf ihren Ruinen? Wie soll es in einer Welt, in der kollektiver ethnischer Haß immer noch eine treibende Kraft ist, in der Europa und andere Erdteile in letzter Zeit Völkermorde erlebt haben, nicht wichtig sein, die Mechanismen zu verstehen, die zu derlei mörderischen Exzessen führten? Wie soll es nicht wichtig sein zu begreifen, wie der Impuls zum Genozid – in diesem Fall in Deutschland – in der eigenen Gesellschaft hervorgebracht und in Handeln umgesetzt wurde? Unsere Gesellschaften kämpfen im Moment nicht damit, daß wir uns zu stark am öffentlichen Leben beteiligen, daß wir zu tief in die Geschichte eindringen, zuviel über die moralischen Grundlagen unseres Lebens wissen wollen; problematisch ist vielmehr, daß wir uns zu sehr ins Privatleben zurückziehen, uns aus dem stetig kleiner werdenden öffentlichen Bereich immer mehr heraushalten, daß wir uns grundlegenden moralischen und politischen Fragen, ob von temporärer oder zeitloser Bedeutung, nicht mit dem notwendigen Ernst widmen.

Ich habe keine Antworten auf die komplexen Fragen, die damit zusammenhängen, wie Menschen, die in ein Land mit einer Vergangenheit wie der Deutschlands hineingeboren werden, damit fertig werden können oder wie man in verantwortlicher Weise an seine Aufgabe als Bürger herangehen kann, die Geschichte zu verstehen, ohne sich von ihr überwältigen und in unbegründete Schuldgefühle treiben zu lassen. Von zwei Dingen bin ich allerdings überzeugt: Am besten stellt man sich diesen Problemen mit einem schonungslosen Blick, mit einer klaren, direkten Sprache, mit sowenig »Zuckerguß« wie möglich. Ich bin auch sicher, daß es von Vorteil ist, wenn die Menschen sich ganz allgemein stärker öffentlich engagieren und diskutieren; wenn sie über die politischen und moralischen Fragen, die mit dem Holocaust zusammenhängen, debattieren; daß es das öffentliche Leben in Deutschland nur bereichern und das breite Verständnis für die moralische und politische Verantwortung des einzelnen nur vertiefen kann, wenn seine Bürger sich mit den Ergebnissen der Holocaustforschung oder auch der Wehrmachtsausstellung des Hamburger Instituts für Sozialforschung auseinandersetzen, ganz gleich zu welchen Schlußfolgerungen sie kommen.

Konrad Adenauers Brief aus dem Jahre 1946, auf den mich Dr. Norbert-Aleksander Ommler freundlicherweise aufmerksam gemacht hat, ist in dieser Hinsicht aufschlußreich. Adenauer, den niemand als Verunglimpfer des deutschen Volkes wird beschuldigen wollen, macht deutlich, daß es durchaus miteinander vereinbar ist, den weitverbreiteten Antisemitismus und die Mittäterschaft der Deutschen an der Judenverfolgung beim Namen zu nennen und gleichzeitig ein demokratisches Deutschland zu unterstützen, an dessen Aufbau so viele hart gearbeitet haben. (Adenauer geht sogar so weit, von »einer großen Schuld« zu sprechen, die »das deutsche Volk« seiner Ansicht nach zu tragen habe.)

Was Sie mit Ihren Briefen und andere mit ihrem Bemühen, sich der Vergangenheit schonungslos zu nähern, vor allem gezeigt haben, ist eines: Die Auseinandersetzung mit den Verbrechen, die viele Deutsche vor nun über fünfzig Jahren begangen haben, bedeutet für das heutige Deutschland keine Schande. Vielmehr bekräftigen Sie, daß Sie die Auffassungen und Werte nicht teilen, die damals die Verbrechen hervorbrachten, und daß Sie die Kraft und das Vertrauen haben, dies in aller Öffentlichkeit zum Ausdruck zu bringen. Dies zählt zu den ungewöhnlichen und bewundernswerten Zügen der Bundesrepublik, eine Tatsache, auf die ich in einer Rede näher eingegangen bin, die ich im vergangenen März in Bonn gehalten habe.[1]

Viele Deutsche, insbesondere solche, die der jüngeren Generation angehören, sehen dies offenbar ähnlich. Andere, darunter auch einige unter Ihnen, vermuten, daß die ältere Generation zu betroffen ist, um an diese Fragen leidenschaftslos heranzugehen. Für manche trifft dies sicherlich zu. Anderen gegenüber aber wäre eine solche Behauptung unfair. Das Paradox besteht darin, daß Holocaust und Na-

---

[1] Daniel Jonah Goldhagen, »Modell Bundesrepublik: Nationalgeschichte, Demokratie und Internationalisierung in Deutschland«, in: Blätter für deutsche und internationale Politik, 1997, H. 4, S. 424–442.

tionalsozialismus, obwohl sie mittlerweile in historische Ferne rücken, doch nicht endgültig Geschichte, die die meisten als einen toten Gegenstand auffassen, geworden sind. Vielmehr sind diese Themen erst jetzt, nach dem ersten und nur teilweise erfolgreichen Versuch der 68er, offen angegangen worden und ins deutsche öffentliche Leben eingegangen. Eine wirkliche öffentliche Diskussion der zentralen, und das heißt auch der schmerzhaftesten, Fragen findet jetzt statt – mit all den Meinungsverschiedenheiten, den Gefühlen, den verletzenden Vorwürfen und Gegenvorwürfen, die mit so einem Unterfangen unvermeidlich verbunden sind. Sie sind diejenigen, die, sobald das Kriegsgeschrei verhallt ist, darüber entscheiden werden, welche Erträge diese Debatte schließlich hervorbringt.

Ihre Briefe und die all der anderen, die in diesen Band nicht aufgenommen werden konnten, zeigen, daß Sie sich mit diesen Themen ebenso wie mit den Konsequenzen, die daraus für das Verständnis der eigenen Gesellschaft, der Menschheit und unserer Verantwortung als moralisch Handelnde erwachsen, auseinandersetzen. Ich danke Ihnen dafür, daß Sie mich dies haben wissen lassen.

Mit Respekt und Hochachtung
Daniel Jonah Goldhagen

Juli 1997

Minda de Gunzburg Center for European Studies
Harvard University
27 Kirkland Street
Cambridge, Massachusetts 02138
USA

Daniel Jonah Goldhagen

Hitlers willige Vollstrecker

Ganz gewöhnliche Deutsche
und der Holocaust

Bereits in 12. Auflage
736 Seiten, Abbildungen, Leinen

Wie konnte es zum Holocaust kommen? Diese Frage hat
die Geschichtswissenschaft über Jahrzehnte bewegt. Doch
wer waren die Täter, und wie war es möglich, so viele Deutsche für den Holocaust zu mobilisieren? Was hat sie dazu
veranlaßt, sich an der Massenvernichtung zu beteiligen?
Wie sah die Gesellschaft aus, die diese Menschen hervor-
brachte? Diesen Fragen geht Daniel Jonah Goldhagen
systematisch nach.

»Daniel Jonah Goldhagen schrieb ein brillantes Buch über den heikel-
sten und bis heute unverständlichsten Teil neuerer deutscher, aber auch
europäischer Vergangenheit… Goldhagens Buch ist neu: in seiner Interpretation und Materialfülle, in der Direktheit seiner Sprache.«
Andrei S. Markovits
Blätter für deutsche und internationale Politik

»Eine meisterhafte und überzeugende Argumentation… Eines der wenigen neuen Werke, die die Bezeichnung Meilenstein verdienen.«
Richard Bernstein, The New York Times

Siedler Verlag

Die Deutsche Bibliothek – CIP-Einheitsaufnahme

Goldhagen, Daniel Jonah:
Briefe an Goldhagen / Daniel Jonah Goldhagen
1. Aufl. - Berlin: Siedler, 1997
ISBN 3-88680-628-6

Die Briefe, beginnend auf den Seiten 27, 40, 44, 47, 56, 60, 62,
64, 67, 69, 73, 78, 79, 81, 89, 90, 101, 104, 109, 113, 118, 132, 143,
158, 163, 173, 184, 186, 189, 190, 191, 193, 194, 199, 200, 206,
wurden von Klaus Kochmann übersetzt.

© 1997 by Wolf Jobst Siedler Verlag GmbH, Berlin

Der Siedler Verlag ist ein Unternehmen
der Verlagsgruppe Bertelsmann.

Alle Rechte vorbehalten, auch das
der fotomechanischen Wiedergabe.
Schutzumschlag: Rothfos + Gabler, Hamburg
unter Verwendung eines Photos vom
Rijks Instituut Voor Oorlogsdocumentatie, Amsterdam
Satz: Bongé + Partner, Berlin
Druck und Buchbinder: GGP, Pößneck
Printed in Germany 1997
ISBN 3-88680-628-6
Erste Auflage